LES RACES DE
CHATS

Joan Palmer

LES RACES DE
CHATS

Joan Palmer

Les Éditions
Coup d'œil

Édition originale © MMIV Quantum Publishing Ltd.
6 Blundell Street, London N7 9BH
Titre original : Cats & Kittens Complete identifier

Copyright MCMXCVIII
Quintet Publishing Ltd.

Pour la présente édition
© 2008 Les Éditions Coup d'oeil
600 boul. Roland-Therrien Longueuil J4H 3V9

Couverture : Katia Senay

Gouvernement du Québec -
Programme de crédit d'impôt pour 1'édition de livres - Gestion
SODEC

Imprimé à Singapour

ISBN : 2-89638-050-7

SOMMAIRE

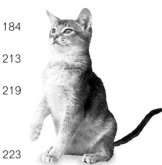

INTRODUCTION

Depuis l'Égypte ancienne, les chats sont appréciés, protégés et leur histoire connue avec précision. Bien que le sort qui leur était réservé ait varié selon les époques, ils ont réussi à conserver un gabarit général et un caractère fondamental quasi identiques.

Le chat domestique actuel accepte la présence de l'homme et profite du confort du foyer tout en conservant sa nature indépendante. Les modes de comportement innés des ancêtres sauvages du chat subsistent, même chez un chat à pedigree sévèrement sélectionné dont la robe et la conformation physique ne ressemblent plus guère à celles d'un chat primitif. Car même le chat domestique actuel le plus choyé réagit à l'excitation de la chasse et montre toutes les capacités physiques de ses ancêtres.

Un chat domestique à la maison constitue une présence à la fois apaisante et gratifiante. Aucun autre animal domestique n'est aussi propre et attaché à ses habitudes, et ne nécessite des soins aussi simples. Tous les chats sont beaux, chacun à sa façon, mais le grand choix de races, de couleurs et de variétés qui existe aujourd'hui permet à tous les amoureux des chats de satisfaire leurs préférences.

Le chat est probablement l'animal domestique le plus répandu dans le monde. Partout où l'on trouve des groupements humains il existe des groupes de chats, soit vivant à l'état sauvage, soit domestiqués et utilisés pour chasser les rongeurs, les insectes ou les serpents. Mais malgré sa familiarité avec les êtres humains, le chat domestique garde son mystère et son indépendance.

Animal paradoxal, le chat peut être à la fois affectueux et intrépide. Il associe prudence et courage, et alterne moments de relâchement total et d'activité intense. En regardant son chat domestique, il est facile d'imaginer ses ancêtres, les *miacidés*, de petits mammifères qui se sont développés durant l'ère des dinosaures. De petit gabarit, le chat a toujours dû compter sur son adresse et sa rapidité pour échapper aux prédateurs et attraper ses proies. Sa dentition particulière et ses griffes rétractiles ont contribué à assurer sa survie de carnivore au cours de son évolution et lui sont d'une grande utilité.

Le patrimoine génétique du chat domestique moderne a été tellement manipulé par une sélection artificielle que certains félins ne ressemblent plus guère à ceux des maisons et des greniers de l'Égypte ancienne. Le nez des Persans a vu sa taille réduite, tandis que celui des Orientaux s'est allongé. Les éleveurs ont sélectionné un type massif chez certaines races, un type svelte chez d'autres. Malgré tous ces efforts pour contrarier la nature, la constitution de base du chat domestique a résisté aux interventions humaines et la biologie de l'animal est restée identique, qu'il s'agisse d'un Persan chinchilla champion des concours de beauté ou d'un vulgaire Tabby errant. La grande déesse chat Bastet continue de protéger le chat domestique, veillant à ce que tous les chats demeurent quasi identiques par leur taille et leur caractère : des félins affectueux mais exigeants, qui sont d'agréables compagnons mais ne seront jamais les subalternes ni les esclaves de l'homme. L'objectif de ce livre est de montrer la diversité étonnante

des races de chats domestiques qui existe actuellement, d'étudier les morphologies, les robes et les comportements différents. Il aborde également les soins (toilettage, etc.) nécessaires aux différentes races, ainsi que les signes particuliers de ces dernières. Enfin, il propose une brève introduction au monde des expositions.

Même le plus « évolué » des chats à pedigree actuels, tel que l'Abyssin, a conservé ses instincts naturels de chasseur.

LES CHATS DANS L'HISTOIRE

Les chats domestiques se reproduisent facilement par croisement, quelle que soit leur origine géographique ; les chats appartiennent donc à une seule espèce et ont un ancêtre commun.

Le chat a probablement commencé à être domestiqué au Moyen-Orient, et le premier à oser approcher l'homme a certainement été le *Felis lybica*, le chat sauvage d'Afrique. C'est un animal souple et agile, dont la couleur est très proche de celle du chat domestique de type tabby. La plupart des crânes retrouvés dans les cimetières de chats de l'Égypte ancienne ressemblent à ceux du *Felis lybica*, une faible proportion à ceux du chat de la jungle, le *Felis chaus*. Les Égyptiens ont apprivoisé ces deux petits félins, mais le chat sauvage africain était largement le plus répandu et probablement le plus facile à domestiquer.

L'Égypte était la plus grande région de culture céréalière du monde antique. D'énormes greniers avaient été construits pour stocker les céréales issues

Dans l'Égypte ancienne, le chat était déifié et utilisé pour protéger les greniers et chasser le gibier à plumes.

de moissons abondantes en prévision de plus maigres récoltes ultérieures. Contrôlant la prolifération des rongeurs, les chats ont certainement joué un rôle vital dans l'économie de l'époque. Les Égyptiens étaient également fascinés par le lien naturel qui existait entre le chat et le lion, et vénéraient la déesse Bastet, appelée aussi Bast ou Pasht, qui est apparue la première fois avec une tête de lion, puis a été représentée avec une tête de chat. Bastet était la déesse de l'Amour et de la Lune. Le chat symbolisait l'amour en raison de sa fécondité naturelle et la lune parce que la forme de ses pupilles variait, pensait-on, avec les phases de croissance et de décroissance de cette dernière. Les statues égyptiennes de la déesse montraient son lien avec la fertilité et le plaisir. Plusieurs la représentaient debout, avec une tête de chat à l'œil vigilant et un corps tenant un sistre dans une main et une petite égide dans l'autre. Le sistre symbolisait à la fois le phallus et l'utérus, et le symbole de fertilité de la déesse était encore renforcé par plusieurs chatons, généralement cinq, assis à ses pieds. Les femmes égyptiennes portaient très souvent des amulettes de fécondité à l'effigie de Bastet et de ses chatons.

Le nom égyptien originel du chat était *mau*, peut-être en raison de l'onomatopée « miaou » qu'ils utilisaient pour désigner ce félin et qui signifiait également « voir ». Les Égyptiens pensaient que le regard imperturbable du chat lui donnait les pouvoirs de rechercher la vérité et de voir la vie future. Bastet, parfois appelée la Femme de la Vérité, était donc utilisée dans les rituels de momification pour garantir la vie après la mort du défunt.

Les chats jouaient un rôle si complexe et si important dans la vie des anciens Égyptiens que les animaux vivants étaient choyés et, dans certains cas, vénérés. Après la mort d'un chat, des familles entières prenaient le deuil, embaumaient son corps et le plaçaient dans un tombeau sacré. Des milliers de chats momifiés ont été découverts en Égypte, certains si bien préservés qu'ils ont complété nos connaissances sur les premiers chats domestiqués.

La domestication des chats s'est répandue lentement à travers les pays du Moyen-Orient. Un document sanskrit datant de l'an 1000 av. J.-C. mentionne un chat domestique, et les deux poèmes épiques indiens, le *Ramayana* et le *Mahabharata*, vers 500 av. J.-C., comportent des histoires de chats. À cette époque, les Indiens adoraient une déesse féline de la maternité appelée Sasti, et pendant des

La déesse chat Bastet tient ici un sistre, utilisé comme crécelle sacrée pour effrayer les esprits malfaisants, et une petite égide à tête de lion. Ces deux objets servent à protéger les chatons assis à ses pieds.

Cette mosaïque romaine de Pompéi date du Iᵉʳ siècle av. J.-C. et représente un chat aux yeux grand ouverts qui bondit sur sa proie.

décennies les Hindous ont été obligés de prendre la responsabilité de nourrir au moins un chat. Les chats ont atteint la Chine vers 400 apr. J.-C. et en 595 une impératrice aurait été ensorcelée par l'esprit d'un chat. Au XIIᵉ siècle apr. J.-C. les riches familles chinoises possédaient des chats jaune et blanc connus sous le nom de « chats-lions », des animaux domestiques très prisés. La chasse aux animaux nuisibles était réalisée par des chats à poil long, et les chats faisaient l'objet d'un commerce sur les marchés en plein air. Les chats domestiques ont ensuite été introduits au Japon sous le règne de l'empereur Ichi-Jo (986 à 1011 apr. J.-C). On rapporte que le dixième jour du cinquième mois de l'année 999 le chat blanc de l'empereur a donné naissance à cinq chatons blancs et qu'une nurse a été engagée au service de l'empereur afin de veiller à leur éducation – une éducation royale, bien entendu. De nombreuses légendes et histoires

de chats subsistent dans la littérature japonaise, l'image la plus forte restant celle du *Maneki-neko*, le « chat bénissant » – qui a une patte levée comme s'il bénissait –, encore présent aujourd'hui sous la forme d'objets décoratifs et de talismans.

Avant les chasses aux sorcières du Moyen Âge occidental, les chats étaient traités avec amour et respect dans le monde entier. Leur qualité première était leur efficacité extraordinaire dans la chasse aux animaux nuisibles.

Les dieux d'une religion peuvent devenir les démons d'une autre, et dans le cas du chat, ses habitudes nocturnes, son indépendance, son instinct de conservation et son comportement souvent sensuel ont accéléré sa persécution aux XVIᵉ et XVIIᵉ siècles.

Finalement, les chats ont connu un nouveau revirement de leur sort — heureux, cette fois. Ils sont devenus des animaux de compagnie très estimés, et ceux qui possédaient des couleurs de fourrure et des marques de robe inhabituelles obtenaient toutes les faveurs. Ces petits félins ont été transportés sur tous les continents du monde comme des cadeaux précieux et ont donné naissance aux nombreuses races et variétés que nous connaissons actuellement.

Les chats sont devenus des animaux de compagnie.

Au Moyen Âge, l'art de la sorcellerie était florissant. Les sorcières étaient souvent accompagnées d'un chat noir et l'on disait qu'elles avaient le pouvoir de se transformer en chat noir.

La chasse aux sorcières a alors été à son comble, et les chats ont figuré en première place dans la plupart des accusations de sorcellerie à travers l'Europe. Au XIXᵉ siècle les agriculteurs basques prétendaient encore que les sorcières revêtaient l'apparence de chats noirs, ce qui faisait des chats des animaux très redoutés.

LA DOMESTICATION DES CHATS

Le chat est un mammifère — une classe relativement réduite de vertébrés à température corporelle constante, possédant des poils, et dont les femelles allaitent leurs petits à la mamelle. Il existe quelque 15 000 espèces de mammifères sur quelques millions d'espèces animales.

En suivant le processus d'évolution qui a engendré toutes les formes de vie sur Terre, les premiers mammifères ont succédé aux reptiles il y a quelque 200 millions d'années. Mais ce n'est qu'il y a 70 millions d'années environ qu'ils ont commencé à jouer le rôle dominant qu'ils tiennent actuellement et à se développer pour donner naissance aux nombreuses familles qui existent aujourd'hui.

Plusieurs groupes de carnivores primitifs ont vu le jour pour occuper la niche des prédateurs, dont les miacidés. À l'origine, les miacidés étaient de

Le crâne préhistorique du très redouté *Smilodon* ou tigre à dents de sabre, une forme de félin primitive qui a disparu il y a quelque 13 000 ans. Adaptées aux énormes canines supérieures utilisées pour tuer la proie et la déchiqueter ensuite, les mâchoires pouvaient s'ouvrir jusqu'à un angle de 90 degrés.

petite taille, semblables à des belettes, mais ils avaient tout pour survivre et poursuivre leur développement, tandis que d'autres groupes rivaux se sont éteints. Au fur et à mesure que l'évolution leur offrait des niches de plus en plus grandes à occuper, ils se sont développés pour devenir les ancêtres des familles de carnivores actuelles, dont les chats, il y a entre 45 et 50 millions d'années.

Grâce à leur talent de chasseur exceptionnel, les félins se sont multipliés rapidement et, au cours de leur évolution, ont développé de nombreuses formes différentes capables de mieux tirer parti des proies et des conditions naturelles de leur milieu. Rares sont ces « expériences » de l'évolution à avoir survécu jusqu'à nos jours. Au moins 13 000 ans se sont écoulés depuis que le tigre à dents de sabre — autrefois répandu sur tout le globe — a foulé le sol terrestre. Le tigre géant d'Asie et le lion des cavernes d'Europe ont également disparu, et même probablement avant le tigre à dents de sabre.

Les premiers ancêtres du félin moderne ont apparemment vécu à la même époque que ces animaux aujourd'hui disparus, mais ils ont mieux su tirer parti de leur situation pour survivre et se développer. Les plus vieux fossiles connus présentant une forte similitude avec les félins actuels datent de 12 millions d'années environ.

Il y a seulement 3 millions d'années la Terre était peuplée de variétés de félins beaucoup plus nombreuses que les trois genres que nous connaissons actuellement : le genre *Panthera* comprend les grands fauves, tels que les lions, qui possèdent un petit os hyoïde mobile à la base de leur langue leur permettant de rugir ; le genre *Felis* est celui des petits félins dont l'hyoïde est fixe et qui ne rugissent donc pas ; enfin, le genre *Acinonyx*, dont le seul représentant est le guépard qui ne possède pas de griffes totalement rétractiles.

On s'accorde généralement à dire qu'il existe actuellement environ 35 espèces de félins différentes. Le chat domestique n'est que l'une d'entre elles mais, avec l'aide de l'homme, il a développé une diversité plus grande que toutes les autres. Tandis que les couleurs de la fourrure et les marques de la robe n'ont évolué qu'en obéissant à la loi de la nécessité chez les félins sauvages – les camoufler aux yeux de leurs proies et de leurs rivaux –, la sélection artificielle a introduit des variations extraordinaires dans les caractéristiques physiques des chats domestiques, sans aucun lien avec leur évolution ni leur environnement.

L'homme a également introduit les félins dans les rares parties du monde où la nature ne les avait pas encore introduits. Il y a 2 millions d'années, ils avaient colonisé la quasi-totalité des continents. La dérive des continents ayant relié à nouveau le nord et le sud de l'Amérique, elle a donné ses premiers félins à l'Amérique du Sud. Mais il n'y a que quelques siècles que de nombreuses îles, telles que les Galàpagos au large des côtes de l'Amérique du Sud, abritent des félins, c'est-à-dire depuis que les

Les félins sont divisés en trois genres : *Acinonyx* (ci-dessous), dont le guépard est le seul représentant ; *Felis* (en bas à droite), celui des petits félins, qui comprend nos chats domestiques, et *Panthera* (à droite), celui des grands félins, dont le lion.

hommes les ont découvertes et s'y sont installés. L'apparition de ces carnivores a eu des conséquences désastreuses sur la vie sauvage indigène. De même, l'Australie n'avait pas de prédateurs avant que l'homme les y introduise. Seul l'Antarctique ne possède aucun félin.

Lorsque l'homme s'est rendu compte que les animaux pouvaient lui être utiles, il a commencé à les domestiquer. Les chiens constituaient d'excellents partenaires de chasse. Les vaches donnaient de la viande, du lait et aidaient l'homme dans les travaux des champs. Les chevaux représentaient un excellent moyen de transport.

En revanche, ce sont les chats qui ont décidé de vivre avec l'homme, et non le contraire. Ce qui les a fait cohabiter avec les hommes, ce sont les rats et les souris qui grouillaient autour des réserves de

Cette figurine en bronze de l'ancienne Égypte portant des boucles d'oreilles en or était dédiée au culte de Bastet, déesse de l'Amour et de la Lune. Les Égyptiens ont été les premiers à apprivoiser le chat. Utilisé d'abord comme chasseur, il a ensuite été apprécié comme animal domestique pour finir par devenir un objet de culte.

nourriture que l'homme avait appris à constituer dans l'Égypte ancienne. Les premiers chats qui ont choisi de vivre à proximité des humains ou chez eux, et qui sont ainsi devenus les ancêtres de toutes les races domestiques, appartenaient, comme nous l'avons vu, à l'espèce *Felis lybica*, le chat sauvage d'Afrique, qui existe encore aujourd'hui.

Les premières preuves de l'existence d'une relation de coopération entre l'homme et le chat remontent à 4 500 ans. Il s'agit d'images de chats peintes sur les tombes, de statues de chats sculptées ou modelées, de restes de chats momifiés.

La religion égyptienne utilisait les images de chats parmi d'autres symboles sacrés même avant que les chats aient revendiqué les greniers comme leurs terrains de chasse. Les Égyptiens croyaient que leurs dieux prenaient l'apparence de chats pour transmettre des ordres et des présages. Les prêtres avaient auparavant célébré le culte du lion, mais il s'agissait d'un animal imposant et dangereux. Alors ils ont trouvé un symbole plus agréable dans ces petits félins chasseurs d'animaux nuisibles. Les ancêtres du chat domestique n'étaient pas apprivoisés, mais plus dociles que les lions.

Chaque nouvelle génération de chats (nombreuses sous la protection de l'homme) ayant de moins en moins peur des hommes, ces animaux ont fini par partager le foyer des Égyptiens.

Malgré leur condition d'animaux domestiques, ils n'ont pas perdu leur statut d'animaux sacrés. Tuer un chat était un crime puni de mort. Les chats étaient embaumés et momifiés lorsqu'ils mouraient, et des souris embaumées étaient placées à côté d'eux dans leurs tombes. Les familles pleuraient la mort de leur chat comme celle de l'un des leurs. Dans une ancienne cité découverte à la fin des années 1800, plus de 300 000 restes de chats momifiés ont été mis au jour.

Les Grecs ont été les premiers Européens à reconnaître les talents de chasseurs de souris de ces félins égyptiens, et comme les Égyptiens ne voulaient leur vendre aucun de leurs animaux sacrés, ils ont volé plusieurs couples de chats et vendu leur progéniture à leurs partenaires commerciaux traditionnels : les Romains, les Gaulois et les Celtes.

La capacité du chat à limiter la prolifération des animaux nuisibles a continué à être appréciée, et l'homme a répandu l'animal dans tout le monde civilisé. Le chat a pourtant connu des périodes terribles. Il a été plus que regrettable que l'Église décide de condamner le chat tueur de rats au Moyen Âge, voyant en lui un symbole païen, alors que les rats propageaient la peste qui allait tuer des millions d'hommes dans toute l'Europe. Et les chats ont continué à être persécutés par la plupart des êtres humains. La fête de la Saint-Jean, célébrée tous les ans, donnait lieu à des atrocités inimaginables aujourd'hui : les chats étaient brûlés vivants sur les places publiques. En 1400, l'espèce était presque éteinte.

Ce n'est que lorsqu'il a semblé évident que certains états physiques et mentaux n'étaient pas causés par les sorcières que les chats sont redevenus populaires en Europe.

Au Moyen Âge, les chats étaient persécutés et considérés comme les envoyés de Satan, mais heureusement ils ont connu un sort meilleur au XVIIe siècle en retrouvant le respect attaché à leur capacité à contrôler la prolifération des rats porteurs de la peste. Au XVIIIe siècle les chats étaient très appréciés comme animaux de compagnie par les intellectuels européens et ils ont commencé à figurer dans la peinture et la littérature. Cette peinture à l'huile, *Stable Animals*, est l'œuvre d'un artiste anglais anonyme du milieu du XIXe siècle.

La vie sourit à la grande majorité des chats domestiques actuels et ils sont nombreux à travers le monde à tenir compagnie aux hommes. Paradoxalement, leur très grande popularité comme animaux de compagnie est liée à leur indépendance d'esprit et au côté sauvage, indompté de leur nature, qui n'est jamais bien loin.

L'IDENTIFICATION DES CHATS

LA MORPHOLOGIE

Toutes les races de chats domestiques ont conservé à peu près la même morphologie et le même gabarit que leurs ancêtres, contrairement aux chiens qui ont fait l'objet d'une reproduction sélective visant à leur donner une morphologie et un gabarit très différents. Les chats échappent donc aux nombreuses malformations du squelette pouvant affecter les chiens. Malgré tout, on rencontre parfois quelques défauts : des queues raccourcies, tordues ou frisées, des palais fendus, des cages thoraciques aplaties et de la polydactylie (doigts surnuméraires). Toujours est-il que globalement l'évolution a favorisé le chat, la sélection naturelle lui ayant permis de rester un carnivore efficace, au gabarit parfait, toujours capable de chasser et de tuer petits oiseaux et mammifères.

L'ossature du chat lui permet d'avoir des mouvements aisés, coordonnés et gracieux, quelle que soit sa vitesse de déplacement. Son corps et ses membres aux muscles vigoureux lui permettent d'effectuer des sauts et des bonds impressionnants. Ses griffes acérées rétractiles lui permettent de courir très vite sur une courte distance, de capturer et de retenir des proies, et de grimper aussitôt aux arbres face à un danger. Son cerveau bien développé lui permet d'assimiler les faits rapidement et de réagir promptement. Ses yeux, grâce à des pupilles dont la forme varie selon l'intensité lumineuse, lui donnent une vision parfaite à la fois sous une lumière vive et dans la pénombre. Ses oreilles mobiles captent le moindre son et son nez sensible, associé à l'organe de Jacobson dans son palais, peut identifier la moindre odeur imperceptible à l'homme.

Des races de chats domestiques à pedigree ont été développées pour correspondre à certaines

Le Persan, à poil long, possède un corps de type massif et une ossature large.

Les races à poil court ont une morphologie semblable à celle des Persans.

Les races étrangères et orientales ont un type svelte, élégant et une ossature fine.

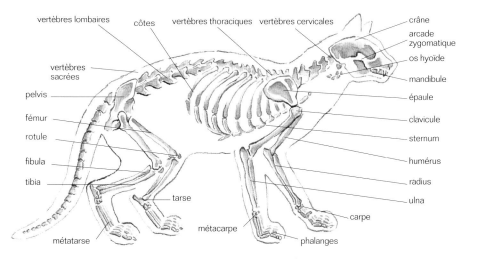

vertèbres lombaires

côtes

vertèbres thoraciques

vertèbres cervicales

crâne

arcade zygomatique

os hyoïde

mandibule

épaule

clavicule

sternum

humérus

radius

ulna

carpe

phalanges

métacarpe

tarse

métatarse

tibia

fibula

rotule

fémur

pelvis

vertèbres sacrées

caractéristiques morphologiques, ainsi que de couleur et de type de robe. Il a fallu de nombreuses générations de chats et des éleveurs persévérants pour aboutir au produit final idéal, issu d'une sélection minutieuse et rigoureuse. Il existe aujourd'hui deux principaux types de chats à pedigree : les chats au corps massif et à la tête ronde et large, et les chats au corps svelte, à l'ossature fine et à la tête allongée.

Les chats de type massif présentent une grande variété de couleurs et de dessins de robe. Ils peuvent être à poil long ou à poil court. Parmi les chats à poil long de type massif figurent le Persan et les races similaires. Parmi les chats à poil court on trouve le British Shorthair, l'American Shorthair, l'Européen à poil court et l'Exotique. Les chats de type svelte offrent des caractéristiques plus variables. Les Orientaux, dont le Siamois, sont tota-

Le squelette du chat comprend approximativement 244 os. Les disques intervertébraux absorbent les chocs.

lement à l'opposé des types massifs et possèdent une ossature extrêmement fine, une silhouette très longiligne, des membres et une queue très longs, une tête allongée, triangulaire et de grandes oreilles. Les races étrangères à poil court et les Rex ont un type moins élancé que les races orientales, chaque variété possédant ses propres caractéristiques, parfaitement reconnaissables. Certaines races sont issues de croisements entre des types massifs et des types sveltes ; leurs caractéristiques sont donc intermédiaires.

LES DIFFÉRENTES FORMES DE TÊTES

La plupart des races de chats de type massif, à la morphologie lourde, tels que le Persan et le Shorthair, ont une tête importante, ronde, de grands yeux ronds très espacés, un nez court et large et une face large. Leurs oreilles sont petites mais larges à la base, et assez écartées, ce qui renforce la rondeur du crâne.

La tête du Persan est toujours ronde, avec des yeux ronds et des joues pleines. Les oreilles, petites, sont très espacées.

La tête du Shorthair est semblable à celle du Persan, mais uniquement vue de face.

Les races étrangères et orientales ont une tête allongée, étroite et de grandes oreilles. La forme de la tête varie selon la race.

De profil, la face du Persan est plutôt aplatie. Le nez, court et retroussé, offre une « cassure » marquée au niveau des yeux.

Les chats de type svelte – les races étrangères et orientales à poil court – possèdent une tête allongée aux formes variées ; la forme des yeux varie également selon la race. Les chats à poil long et à la conformation svelte présentent différentes formes de têtes et d'yeux en fonction du standard de leur race.

Le profil d'un Shorthair type est moins aplati que celui d'un Persan. Son nez est court et large.

Les races orientales possèdent un nez long, sans « cassure » au niveau des yeux, et un front plat.

LES DIFFÉRENTES FORMES D'YEUX

Les Persans, ainsi que la plupart des Shorthairs, ont des yeux grands, ronds et brillants.

Certains standards de races exigent des yeux ovales ou en amande souvent obliques.

Les Siamois et autres races assimilées ont des yeux fendus de type oriental, très obliques.

LES COULEURS, MARQUES ET TEXTURES DE ROBE

Les chats à pedigree ont des types de robes variés, allant de la fourrure longue, épaisse et fournie du Persan à la fourrure courte, fine, lustrée et serrée du Siamois. Entre ces deux extrêmes, on trouve la fourrure longue, douce et soyeuse des races étrangères à poil long et la fourrure dense et épaisse de certaines variétés à poil court. Certaines races possèdent une « double » robe : un sous-poil épais, laineux, et une fourrure plus longue, plus lustrée.

Le Rex Cornish possède une fourrure dépourvue de poils de garde ; son poil de jarre et son sous-poil ou duvet est naturellement frisé, ondulé ou bouclé. Le Rex Devon a un poil de garde, un poil de jarre et un sous-poil modifiés qui produisent un effet cireux. Le Sphynx est un cas extrême en matière de type de robe, certaines parties de son corps n'étant recouvertes que d'un fin duvet.

Persan

Fourrure longue et douce, au sous-poil abondant et presque aussi long que le poil de garde, ce qui donne une robe particulièrement fournie.

Maine Coon

Fourrure longue, soyeuse, plus lourde et moins uniforme que celle du Persan en raison d'un sous-poil moins uniforme et plus dense.

Shorthair

La fourrure est très variable selon qu'il s'agit d'un British Shorthair, d'un American Shorthair ou d'un Exotique.

Sphynx

Apparemment dépourvu de poils, le Sphynx possède pourtant un léger duvet sur certaines parties du corps.

Rex Cornish

Sa fourrure bien ondulée est due à l'absence de poil de garde et à un poil de jarre court.

Rex Devon

Un poil de garde et un poil
de jarre génétiquement modifiés
qui ressemblent fortement
à un sous-poil.

American Wirehair

Assez différent des pelages
des deux Rex, le Wirehair possède
un poil de jarre bouclé et un poil
de garde ondulé.

Oriental

La fourrure des chats de races
orientales comme le Siamois
est courte, fine, serrée, assez
différente de celle des autres chats.

La couleur naturelle du chat est tabby – une robe avec des marques. Il en existe quatre types : tabby tigré (tigrures), tabby classique (marbrures), tabby abyssin ou agouti (tiquetage) et tabby tacheté (taches). Un pigment, la mélanine, produit des poils noirs, et la plupart des fourrures unies des chats sont dues à la modification de ce pigment ou par son mode de répartition dans les poils.

Les couleurs unies ou solides

Les chats de couleur unie doivent être d'une seule couleur, c'est-à-dire posséder une robe sans marques, sans ombres, sans la moindre variation de couleur. Les couleurs unies les plus répandues couvrent une très large palette dont le noir, le bleu, le chocolat, le lilas, le roux, le crème, la cannelle et le blanc.

noir

bleu

chocolat

lilas

roux

crème

cannelle

blanc

Les marques tabby

Il en existe quatre types – tiqueté ou abyssin, tigré, tacheté et classique – qui peuvent revêtir toutes les couleurs des marques tabby.

Les couleurs des marques tabby

Les marques tabby offrent une grande variété de couleurs dont le brun, le bleu, le chocolat, l'écaille brun, l'écaille bleu, le roux et l'argent.

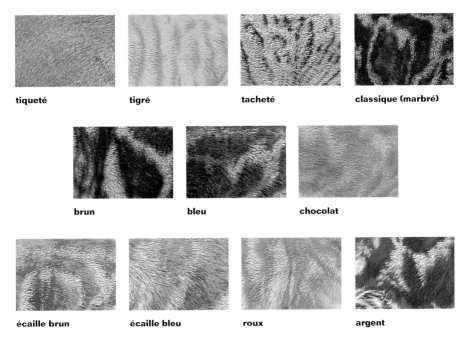

tiqueté

tigré

tacheté

classique (marbré)

brun

bleu

chocolat

écaille brun

écaille bleu

roux

argent

Le tabby abyssin

Les Abyssins possèdent une fourrure très nuancée, légèrement ombrée, parce que chaque poil présente une alternance de bandes sombres et de bandes claires, la racine étant claire et l'extrémité foncée. La fourrure a un aspect tiqueté.

lièvre (usuelle)

bleu

sorrel

faon

22

Les poils aux différentes nuances de couleur

Le poil du chat peut offrir différentes nuances de couleur en étant plus clair à sa racine et plus foncé à son extrémité. Les couleurs sont nombreuses, dont le noir, le bleu, le chocolat et le lilas.

fumé noir

fumé bleu

fumé chocolat

fumé lilas

chinchilla

ombré doré

argenté ombré

bleu argenté foncé

Les marques à points

Les chats à points tels que le Siamois ont le corps clair et les extrémités — tête, membres, queue — de couleur plus foncée.

points seal (bruns)

points bleus

points roux

points crème

points lilas

points chocolat

points tigrés

points tigrés roux

Le dessin caractéristique du Tonkinois

Ce chat, entre le Siamois et le Burmese, présente un effet « à points » modifié. L'ensemble du corps étant plus foncé que celui des véritables chats à points comme le Siamois, les points ne ressortent pas autant et se fondent en douceur dans le reste du corps.

brun ou naturel   **lilas**   **chocolat**

roux   **crème**

écaille lilas   **écaille bleu**   **tigré**

Comme le savent tous les amoureux des chats, ces félins peuvent avoir bien d'autres couleurs supplémentaires que celles qui ont été citées, dont la plupart constituent une couleur mosaïque reconnue – reconnaissance indispensable pour les expositions. Les couleurs écaille de tortue sont les plus courantes, mais il existe des variétés infinies, dont écaille de tortue et blanc, appelée Mi-ke.

écaille de tortue

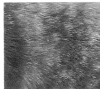

écaille de tortue chocolat

écaille de tortue lilas

écaille de tortue bleu

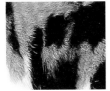

écaille de tortue et blanc

écaille de tortue bleu et blanc

Mi-ke

25

LE COMPORTEMENT DES CHATS

Les chats sont souvent jugés moins intelligents que les chiens, probablement parce qu'ils ne peuvent pas être dressés à s'asseoir sur commande et réalisent rarement des tours.

Il n'est pas certain, loin de là, que la réalisation d'actions imposées par l'homme corresponde nécessairement à une grande intelligence, et le chat semble plus apte à canaliser son intelligence vers un comportement différent, naturel, comme les techniques de survie et l'adaptation aux changements environnementaux. Les chats sont peut-être même plus intelligents que les chiens justement parce qu'ils refusent de réaliser des tours et d'obéir aux ordres.

Les chatons commencent à montrer un comportement de prédateur à l'âge de 6 semaines environ. Dans la nature, leur mère leur apporte des proies.

Bien que les chats et les chiens soient des animaux qui s'entendent bien, il est parfois difficile pour eux de se comprendre, n'ayant pas forcément le même langage corporel ni le même comportement en jouant.

Dans le cadre domestique, elle leur apporte de petits morceaux de viande près de son panier en émettant un son particulier destiné à attirer leur attention. Elle tapote souvent la viande avec sa patte, apprenant ainsi à ses chatons à bondir dessus comme sur une proie.

À cette étape de leur développement, les chatons commencent à effectuer des mouvements de prédateur, se tapissant, bondissant et simulant des attaques contre leurs compagnons de portée. Leur mère remue la queue, les incitant à bondir dessus et à l'attraper.

Les chats adultes préfèrent chasser seuls dans les limites du territoire qu'ils ont établi. Certains chats parcourent de longues distances, loin de chez eux, pour se rendre sur leurs terrains de chasse favoris et, très rarement, des chats d'une même famille apprennent à chasser collectivement. Leur ouïe très fine et leur excellente vue dans la pé-

nombre leur permettent de devenir des prédateurs silencieux et efficaces. Un chat est souvent à l'affût, capable d'attendre avec une patience infinie que la proie sorte de son refuge. Il l'attaque alors d'un bond rapide, l'attrapant toutes griffes dehors et la tuant en la mordant au cou. Les chats affamés tuent leur proie assez vite, mais les chats repus, surtout très excités par la traque et la capture, jouent souvent avec leur proie pendant quelques instants avant de se décider à lui porter le coup fatal. Jouer avec une proie donne au chat l'occasion de tester ses techniques de capture.

Malgré des siècles de domestication, la plupart des chats continuent de chasser lorsqu'ils en ont la possibilité. Si vous gardez tout le temps votre chat à la maison et ne lui donnez jamais l'occasion de chasser, offrez-lui en compensation de nombreux jouets et faites-le jouer à poursuivre, bondir et attraper. Le stimuler et lui faire faire de l'exercice contribue à le maintenir en forme, l'empêche de prendre du poids et pourrait l'aider à survivre s'il se perdait.

Durant toute la vie d'un chat, son comportement est régi par les instincts innés hérités de ses ancêtres sauvages. Nous voyons ici un Burmilla chasser (en bas à gauche), un Persan jouer à tuer sa proie (à gauche) et deux chatons orientaux jouer à se battre (ci-dessous).

LE LÉCHAGE

Il est facile de comprendre pourquoi le chat est réputé si propre : éveillé, il passe près d'un tiers de son temps à se lécher. Pour lui faciliter la tâche, sa langue râpeuse peut atteindre presque toutes les parties de son corps. Il utilise aussi ses pattes de devant et ses dents pour se nettoyer.

Le léchage ne sert pas seulement à nettoyer la fourrure. Il permet aussi au poil de rester doux et brillant, d'ôter les poils prêts à tomber ou morts, ainsi que les peaux mortes, les débris et les parasites, de tonifier les muscles, de stimuler la circulation sanguine et la croissance des nouveaux poils.

Le léchage a également une fonction nutritionnelle. Il fournit de la vitamine D, produite sur la fourrure par le soleil, à l'organisme du chat et, par temps chaud, la salive étalée sur le poil joue le même rôle que la sueur, à savoir réguler la température corporelle par évaporation. C'est ce qui explique pourquoi les chats se lèchent davantage l'été et après avoir joué, chassé ou exercé une tout autre activité. Les chats se lèchent également lorsqu'ils sont anxieux. Cette activité les aide alors à se détendre et à relâcher les tensions.

Parfois les chats se lèchent mutuellement – un bon moyen d'atteindre les zones inaccessibles, par exemple derrière les oreilles. Le léchage mutuel est aussi le signe d'un lien étroit qui unit les chats partageant le même territoire.

gérée de boules de poils. Le chat ingère naturellement des poils en se léchant, mais un léchage intensif provoque un agglutinement des poils par le mucus dans l'organisme, ce qui produit des boules de poils qui obstruent les intestins et affectent les fonctions digestives. La plupart des chats régurgitent ces boules sombres automatiquement (manger de l'herbe les aide). Si le vôtre ne le fait pas, vous allez devoir lui acheter un remède ou lui donner de l'huile de paraffine pour ramollir ces masses compactes et leur permettre de s'évacuer par les selles.

À l'opposé, certains chats ne se lèchent pas suffisamment. Si votre chat, même couvert de poussière, de saletés ou d'herbes folles, ne se lèche pas, essayez d'étaler un peu de beurre sur sa fourrure. Si cela ne marche pas, c'est vous qui allez devoir lui faire sa toilette.

Les mères sont de très bonnes éducatrices et le léchage est l'une des premières activités que les chatons apprennent. Le lien entre la mère et ses petits est renforcé durant ces séances de léchage, plaisir mutuel évident.

Le léchage mutuel est normal chez les chats en bonne santé. Il remonte à l'époque où la mère léchait ses chatons pour renforcer son lien avec eux et leur montrer comment ils pouvaient se lécher mutuellement, surtout dans des zones difficiles d'accès comme derrière les oreilles.

Bien que le léchage soit une saine activité, certains chats pratiquent un léchage excessif qui engendre des problèmes tels qu'une inflammation cutanée, une perte des poils ou une formation exa-

Les chats se lèchent toujours minutieusement et passent de longs moments tranquilles à nettoyer quotidiennement leur fourrure. Grâce à leur cou et à leurs épaules souples, ils peuvent atteindre presque toutes les parties de leur corps avec leur langue et leurs dents.

LE TERRITOIRE

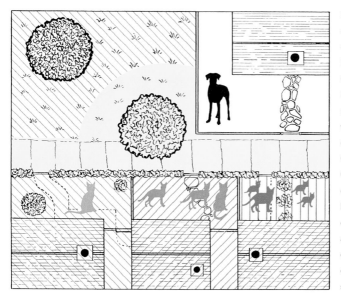

L'étendue du territoire d'un chat dépend de sa position dans la hiérarchie sociale. Ces chattes avec leurs petits (à droite) possèdent de petits territoires qu'elles défendent férocement. C'est un mâle (à gauche) qui a sans doute le territoire le plus grand. Tous les chats évitent les jardins avec des chiens, mais certaines zones (les chemins, par exemple) sont communes.

Les chats établissent des territoires en vue d'avoir un endroit où ils sont en sécurité pour dormir, manger, faire leurs besoins et jouer. Comme les hommes, les chats ont l'instinct de possession. Même les chats domestiques qui ne sortent jamais ont leur endroit favori dans la maison, qu'il se limite à une pièce ou un coin de chaise. Quand plusieurs chats

Le chat utilise des marquages odorants pour délimiter son territoire et laisser des informations à l'intention d'autres chats concernant sa position sociale, son sexe et son itinéraire. Les mâles marquent leur territoire avec des jets d'urine de forte odeur. Des marques plus subtiles sont laissées par le frottement du menton, du front et de la queue contre les portes, les arbres et les clôtures ; ces odeurs proviennent des glandes sébacées.

LE MARQUAGE TERRITORIAL :

Les chats indiquent leur propriété par un marquage odorant. Ils utilisent différentes glandes à cet effet. Des glandes odorantes sur la tête appelées glandes temporales sont situées au-dessus des yeux, au niveau des tempes. Les glandes périorales sont situées le long des lèvres. Ces deux types de glandes sont utilisés pour le marquage lorsque le chat frotte sa tête contre un ami ou un objet de son choix, comportement qui semble lui procurer un plaisir extrême. Certains chats, généralement les mâles non châtrés, marquent leur territoire par des jets d'urine aux frontières. Chez eux, le frottement de la tête est plutôt utilisé pour identifier des objets que pour marquer le territoire. Gratter le sol ou griffer le tronc d'un arbre est un comportement usuel après le jet d'urine.

Le territoire idéal du chat est situé en hauteur – point de vue qui lui permet de surveiller tout ce qui se passe. Le mâle dominant ne tolère aucun rival sur son territoire.

vivent sous le même toit, les territoires peuvent être mal délimités jusqu'au jour où tous les chats revendiquent ensemble leur territoire – la maison – et le défendent contre d'autres chats. Si votre chat a la possibilité de sortir, il aura aussi un territoire à l'extérieur et la position sociale qui lui est attachée. Involontairement, les hommes ont permis aux chats de choisir plus facilement un territoire. Clôtures, trottoirs, allées, jardins et massifs d'arbustes constituent des territoires dont les limites sont facilement identifiables par les autres chats du coin. Parfois les hommes aident même les chats à faire respecter les frontières de leur territoire en chassant d'autres chats ou en faisant cesser les bagarres.

Les chats marquent leur territoire, c'est-à-dire le signent avec leur propre odeur – provenant de l'urine, des fèces ou des sécrétions produites par certaines glandes cutanées – ou y laissent des traces de griffes. Le territoire peut mesurer plusieurs hectares pour les chats vivant à la campagne et moins d'un mètre carré, voire la taille d'un coussin, pour les chats d'intérieur. Dans les maisons où vivent plusieurs chats, les territoires sont parfois occupés en alternance – un chat l'occupe le matin, un autre l'après-midi. Les chats s'organisent en hiérarchies familiales où chacun occupe une position bien définie et obéit à des règles bien établies. Les nouveaux chats du voisinage doivent se battre pour être

OBSERVER LE COMPORTEMENT DE SON CHAT :

Vous pensez peut-être que votre chat n'a pas de territoire, mais tous les chats en possèdent un, sous quelque forme que ce soit. Suivez votre chat à l'extérieur. Notez où il va, ce qu'il regarde, ce qu'il marque, et comment il réagit à d'autres animaux à proximité. Notez également où il s'installe et le chemin qu'il emprunte pour aller où il veut aller. Voyez s'il existe un terrain commun où il rencontre d'autres chats et quelle position sociale il semble occuper au sein du groupe. Faites cela pendant plusieurs jours, car votre chat peut ne pas couvrir tout son territoire en une seule fois.

acceptés et avoir droit à un territoire. Chez les mâles, c'est la force qui détermine la position hiérarchique. Le matou le plus fort devient le chef de famille et exerce son pouvoir sur les autres membres occupant une position inférieure. Des changements peuvent toutefois se produire lorsqu'un membre est vaincu lors d'un combat ou châtré. Bien que les mâles dominants règnent sur leur territoire, ils n'ont pas la priorité sur les femelles. Leur position hiérarchique la plus élevée n'est pas liée au sexe, mais au territoire.

Les femelles sont organisées selon leurs talents maternels. Celle qui a le plus de chatons occupe le sommet de la hiérarchie. Lorsque les chattes sont stérilisées, elles régressent sur l'échelle sociale. Les femelles et les mâles castrés ne possèdent que des territoires très réduits et luttent davantage que les autres pour conserver leur petit coin de territoire. Les chats qui possèdent un territoire très étendu ne sont pas si possessifs parce qu'ils sont bien partagés et ne peuvent pas passer tout leur temps à le défendre. Mais lorsqu'ils se décident à se battre, ils sortent généralement vainqueurs.

Autour des territoires privés, il y a des terrains communs destinés à la socialisation, à l'accouplement, à la chasse, etc. Les chats doivent suivre des chemins pour ne pas violer d'autres territoires ni rencontrer des ennemis (tels les chiens). Certaines voies sont privées, mais la plupart sont publiques.

PRENDRE SOIN DE SON CHAT

Maintenir son chat en bonne santé est principalement une question de bon sens et de bonne éducation.

D'abord, un chat doit avoir été un chaton bien élevé et doit être régulièrement vacciné contre les maladies félines les plus dangereuses telles que la panleucopénie ou entérite infectieuse, le coryza ou grippe du chat dû au virus de la rhino-trachéite ou au virus *calici*, et la leucémie féline, due également à un virus. Tous les chats doivent avoir une alimentation équilibrée et être régulièrement vermifugés pour éviter les parasites internes. Les parasites externes comme les puces doivent être éliminés par un insecticide local (poudre, spray). Il existe aussi des médicaments à administrer par voie orale qui réduisent le cycle de reproduction des puces. Le bac à litière doit toujours être d'une propreté impeccable, de même que la gamelle et le bol d'eau. Avec tous ces soins, ainsi que beaucoup d'amour et d'attention, votre chat devrait rester en bonne santé.

**C'est après des essais
et des erreurs que l'on trouve
la litière et le récipient qui
conviennent à son chat.
On voit ici un récipient couvert
en forme de boîte (1),
une pelle (2), un bac à litière (3)
et un sac de litière (4).
Il faut changer la litière
régulièrement, les chats
répugnant à utiliser une litière
sale, et toujours porter
des gants pour cette tâche.**

CHOISIR UN CHAT

Le comportement d'un chat domestique est influencé par son sexe, surtout si l'animal n'est pas castré. Tandis que les femelles appellent et sortent discrètement de la maison pour trouver un mâle lorsqu'elles sont prêtes à s'accoupler, les mâles adultes marquent fréquemment leur territoire par des jets d'urine. La castration est donc recommandée, non seulement pour empêcher la venue de chatons indésirables, mais aussi pour éviter ce genre de comportement. Certains propriétaires prétendent que les chattes sont plus affectueuses et casanières que les chats, mais après la castration il subsiste peu de différences de tempérament entre les deux.

Le choix d'un chaton mâle ou femelle a peu d'importance, à moins de s'intéresser à l'élevage. Dans ce cas, il est préférable de commencer par acquérir un chaton femelle. Il vous est relativement facile de faire le nécessaire pour que votre chatte soit accouplée avec un étalon en temps utile, à condition de payer le prix qui convient.

Peut-être voulez-vous destiner votre chatte aux expositions. Dans ce cas, si vous lisez la presse spécialisée et assistez à des expositions, vous connaissez les meilleures lignées qui remportent régulièrement des prix. Peut-être même que votre chatte a déjà remporté des prix. Mais si vous souhaitez améliorer ses caractéristiques par les chatons auxquels elle donnera naissance, il est important de juger objectivement ses forces et ses faiblesses.

Si, par exemple, vous remarquez que sa couleur est légèrement trop pâle, il est prudent de chercher un étalon à la couleur très accentuée. Ainsi, certains des chatons pourront présenter une amélioration de leur couleur par rapport à celle de leur mère.

Bien qu'il n'y ait aucune garantie, cette approche est la plus susceptible d'engendrer une amélioration globale de la qualité de vos chats.

Il est bien difficile de choisir devant une portée d'adorables chatons tels que ces Somalis. Ils sont âgés de six semaines et pas encore totalement sevrés.

Reconnaître le sexe d'un chaton

Identifier le sexe d'un chaton n'est certainement pas aussi facile que celui d'un chat adulte, ses organes génitaux étant moins développés. Si vous avez le moindre doute, vous pouvez comparer les chatons d'une portée. L'identification du sexe devient assez facile une fois que les chatons sont âgés d'un mois environ.

Un mâle n'a pas de pénis externe. Comme les femelles, il possède deux ouvertures visibles sous la base de la queue, l'ouverture supérieure étant l'anus, mais l'écart entre les deux est plus important que chez la femelle. L'orifice pénien tend également à avoir une forme plus ronde, tandis que l'ouverture vulvaire ressemble à une fente. Si vous avez toujours un doute, pressez doucement chaque côté de l'ouverture. Si c'est un mâle, vous apercevrez le pénis. Le pénis d'un chat est plutôt inhabituel, car couvert de barbules qui irritent la vulve au moment du retrait du pénis.

Les testicules ne sont visibles chez les chatons mâles, entre l'anus et l'orifice pénien, qu'à partir de l'âge de quatre semaines environ, lorsqu'ils commencent à grossir. Avant cet âge, ils sont descendus de l'abdomen, où ils se développent, mais ne saillent pas dans le scrotum.

Lorsque le chat atteint sa maturité sexuelle, il est plus facile, en particulier chez certaines races, de déterminer son sexe simplement en le regardant. Les British Shorthair mâles, par exemple, développent des bajoues de chaque côté de la face, ce qui n'est pas le cas des femelles. Comme chez de nombreux chats sauvages, les mâles tendent également à être un peu plus gros que les femelles.

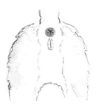

Chaton femelle. On note la proximité des ouvertures anale et génitale.

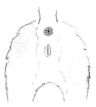

Femelle adulte. L'apparence est similaire, mais on remarque un écart un peu plus grand entre les ouvertures.

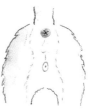

Chaton mâle. L'écart entre les ouvertures est supérieur à celui de la femelle bien que les testicules ne soient pas encore descendus.

Mâle adulte. On voit clairement les testicules dans le scrotum.

NOURRIR SON CHAT

Tous les félins sont des prédateurs plutôt que des charognards. Ils capturent une grande variété de proies ; tout dépend de leur taille et de l'environnement dans lequel ils vivent. La nourriture du chat sauvage varie en fonction des types d'animaux qui partagent son territoire étendu, mais il se nourrit principalement de rongeurs et d'oiseaux de tous genres. Les espèces sauvages de grande taille

Un chat peut (malheureusement) toujours attraper un oiseau ou un rongeur. L'instinct de prédateur des chats domestiques reste fort, mais ils peuvent avoir du mal à tuer leur proie.

telles que les lions et les tigres chassent des proies plus grosses ; les tigres pourchassent de grands herbivores comme les cerfs et parfois même des bovins.

Les félins sont des opportunistes qui mangent tout ce qu'ils peuvent capturer, des petits insectes aux tortues. Le poisson constitue également le menu principal d'un certain nombre d'espèces. Les chats domestiques ne sont donc pas habitués à manger rapidement la nourriture préparée. De plus, il y a peu d'animaux aussi difficiles sur la nourriture que les chats, et s'ils voient un changement soudain dans ce que leur maître leur donne à manger, ils sont capables de jeûner plutôt que de consommer quelque chose d'inhabituel. De même, si leur nourriture n'est plus fraîche, ils ne la mangeront pas.

Tous les chats se fient essentiellement à leur odorat pour savoir si ce qui leur est présenté est bon à manger. Ils reniflent soigneusement leur nourriture avant de se décider à la goûter. Si le chat a souffert d'une maladie respiratoire, il est souvent très difficile de le persuader de manger normalement, simplement parce que son odorat est susceptible d'être affaibli.

La nourriture fraîche

Bien que de nombreux propriétaires de chats achètent des aliments industriels, certains préfèrent leur donner des aliments frais. Ces derniers doivent être cuits et refroidis avant d'être servis au chat. Poumon, foie et autres abats sont fréquemment donnés, mais à la longue ils s'avèrent inappropriés sur le plan nutritionnel.

Les chats sauvages mangent la totalité de leur proie, mais le chat domestique n'a pas accès au squelette qui contient l'essentiel des réserves en calcium de l'organisme. Le chat finit donc par développer une fragilité osseuse ; c'est particulièrement le cas des chatons dont la croissance est rapide. Mais les carences ne sont pas les seules à être dangereuses. Donner trop de foie à son chat provoque un excès de vitamine A dans son organisme, lequel peut être à l'origine d'anomalies du squelette. Par exemple, les os des épaules peuvent se souder, ce qui est extrêmement douloureux pour le chat.

Bien que les aliments frais puissent être donnés de temps en temps, en particulier pour stimuler l'appétit d'un chat malade, il est très important de mélanger à cette nourriture un supplément de vitamines et de minéraux, selon les conseils du vétérinaire, en particulier si vous avez l'intention de nourrir votre chat de cette façon pendant un certain temps.

La croyance populaire selon laquelle donner de la viande crue à son chat peut le rendre agressif est fausse. Mais il y a un risque de contamination de la viande par toute une série de bactéries dangereuses telles que la salmonelle, surtout avec le nombre élevé d'animaux traités dans des usines modernes de conditionnement de la viande. Votre chat pourrait tomber malade ou attraper des parasites. Il est donc fortement recommandé de cuire toutes les viandes par mesure de précaution. Le risque d'une telle contamination est beaucoup plus faible dans la nature, tout simplement parce que les chats chassent et tuent des animaux qu'ils mangent presque aussitôt, supprimant ainsi le risque de contamination croisée.

Les félins transportent ou traînent leur proie loin de l'endroit où ils l'ont capturée. C'est une tentative instinctive visant à empêcher les autres prédateurs de la leur prendre.

Lorsqu'il s'agit de petites proies, les félins mangent la totalité de l'animal. Ils assimilent ainsi tout le calcium contenu dans le squelette.

Les aliments industriels

Les aliments industriels prêts à consommer qui contiennent tous les nutriments essentiels au chat expliquent largement l'augmentation impressionnante du nombre de chats domestiques dans notre société actuelle. Les fabricants de nourriture pour chat ont investi des sommes énormes pour déterminer la formule de composition idéale de leurs produits, au point qu'il existe aujourd'hui des aliments adaptés à chaque âge de la vie du chat qui satisfont les besoins individuels des chatons, des chats adultes et des chats âgés. Toujours est-il que les aliments pour chat standard continuent d'être largement utilisés et ne sont pas mauvais pour sa santé.

Les boîtes – aliments humides – sont les plus consommées, bien qu'elles soient moins pratiques que les aliments secs ou semi-humides, car lourdes à porter et encombrantes à stocker. Les aliments en boîte semblent avoir la préférence de la plupart des chats parce qu'ils ressemblent davantage aux proies naturelles. Les boîtes ont une teneur en eau beaucoup plus élevée, souvent de 75 %, que les aliments secs qui fournissent une source d'éléments nutritifs plus concentrée.

Les préférences alimentaires des chats s'établissent dès leur plus jeune âge, d'où la nécessité de leur offrir dès le début de leur vie une nourriture variée. Avec un peu de chance, votre chat sera moins difficile à l'âge adulte.

Les aliments secs contiennent à peine 10 % d'eau. Ils avaient mauvaise presse dans certains pays au début de leur création en raison du lien qui avait été établi entre ce type de nourriture et la maladie connue sous le nom de syndrome urologique félin (SUF). Chez les chats touchés par ce problème (davantage les mâles), l'urine devient relativement concentrée et des calculs se forment dans la vessie. Ces cristaux passent ensuite dans l'urètre qui relie la vessie au méat urinaire. Le résultat n'est pas seulement une obstruction douloureuse, mais aussi un obstacle à l'écoulement de l'urine.

L'intervention rapide du vétérinaire est nécessaire pour enlever les calculs et désobstruer le canal, sinon l'état du chat se détériore.

Les chats domestiques se nourrissent d'aliments industriels, mais leurs préférences alimentaires s'établissant dès leur plus jeune âge, il peut être difficile de leur faire changer d'alimentation – remplacer les boîtes par les croquettes, par exemple. Ils préféreront souvent jeûner à manger quelque chose d'inhabituel.

Aujourd'hui la teneur en sel des aliments secs a été augmentée pour inciter le chat à boire davantage et réduire ainsi son risque d'atteinte par le SUF. De plus, la teneur en magnésium, élément considéré comme le principal responsable de la formation des calculs, a été considérablement diminuée. En fait, elle est même moins élevée actuellement dans les aliments secs que dans d'autres aliments donnés au chat tels que les sardines.

Il existe un certain nombre d'avantages à donner des aliments secs à son chat. D'une part, ils limitent les dépôts de tartre sur les dents et les gencives. D'autre part, les mouches sont moins attirées par ces aliments que par les boîtes ou la nourriture fraîche – un avantage considérable par temps chaud. Les croquettes sont également plus faciles à stocker, un sac ouvert n'ayant pas besoin d'être conservé au réfrigérateur.

Ce type de nourriture est donc idéal pour nourrir son chat « à la demande », puisqu'il peut rester sorti toute la journée sans risque de détérioration, pourvu qu'il soit dans un endroit sec. C'est très pratique pour les maîtres qui vivent seuls, car ils peuvent être sûrs que leur chat aura toujours de la nourriture disponible, même s'ils rentrent tard chez eux. Contrairement aux chiens, les chats se

Il est essentiel de laver le bol après chaque repas, que vous donniez à votre chat des aliments secs (1), des aliments humides en boîte (2) ou des aliments semi-humides (3). Le chat exige la fraîcheur maximale. Lavez sa gamelle, rincez-la bien et séchez-la, surtout si vous lui donnez des aliments secs.

suralimentent rarement lorsqu'ils sont libres de manger quand ils veulent.

En effet, leur consommation relativement élevée de graisses, qui fait que l'estomac se vide plus lentement, les rend assez rapidement rassasiés. Un autre type de nourriture industrielle est représenté par les aliments semi-humides, qui associent les qualités des boîtes et des aliments secs. Ils sont relativement légers et conditionnés dans du papier métallisé. Leur texture est plus humide que les aliments secs, comme leur nom l'indique. Ils contiennent en moyenne 35 % d'eau, ainsi que des conservateurs pour éviter qu'ils ne se dessèchent ou moisissent. Attention : ils renferment généralement beaucoup de sucre.

TOILETTER SON CHAT

De nombreux chats n'ont pas besoin de toilettage, mais c'est un moment qui permet de renforcer les liens avec son animal et de contrôler son état de santé. Le toilettage sera aussi le bienvenu si le chat a besoin de l'aide de son maître pour se nettoyer (s'il a été en contact avec du goudron ou d'autres substances toxiques une fois ingérées).

Le toilettage idéal s'effectue dehors – cela évite les saletés, les poils et les puces dans la maison – ou sinon dans la salle de bains ou dans une petite pièce prévue à cet effet. En intérieur, mettez le chat sur un morceau de papier ou de plastique.

Inspectez les oreilles, les yeux et les griffes. Nettoyez les oreilles avec un coton imbibé d'huile d'olive et les yeux avec un coton humide, si nécessaire. Examinez les dents une fois par semaine et brossez-les pour empêcher le dépôt de tartre. Contrôlez les griffes et coupez-les si besoin.

Les chats sauvages à poil long perdent leurs poils au printemps, et les chats domestiques toute l'année, en raison de la lumière et de la chaleur artificielles. Ils doivent donc être toilettés (deux séances

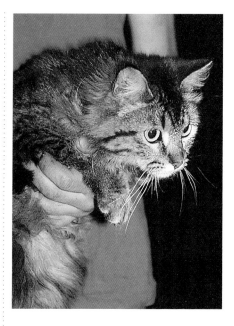

Ci-dessus : Saisis et tenus correctement, la plupart des chats se sentent en sécurité dans les bras de leur maître.

Toilettez les chats à poil court avec un peigne fin en métal (1) de la tête vers la queue. Une brosse en caoutchouc (2) n'irrite pas la peau. Sinon, utilisez une brosse douce en soies de sanglier (3). Avant une exposition, lustrez la fourrure avec un tissu de soie, de velours ou une peau de chamois pour accentuer son brillant (4).

1

2

3

4

Ci-dessus : Le matériel de toilettage est composé d'un démêloir (1) pour les poils longs, d'une brosse métallique d'un côté et en soies de sanglier de l'autre (2), d'un peigne à dents (3) et d'une brosse à dents (4).

de 15 à 30 minutes par jour). Les chats à poil court n'ont pas besoin d'un toilettage quotidien. Un toilettage d'une demi-heure deux fois par semaine devrait suffire. Si vous voyez que la fourrure est emmêlée, commencez avec un gros peigne. Vous pouvez utiliser d'autres instruments dont un peigne fin pour déceler les puces et une brosse en caoutchouc pour enlever les poils morts.

Pour les fourrures grasses, saupoudrez le chat de talc ou d'argile smectique, puis peignez-le rapide-

ment. Vous pouvez lustrer son poil avec un tissu en soie, en velours ou une peau de chamois.

Si sa fourrure est très sale ou très grasse, vous devez lui faire prendre un bain. Votre chat n'aimant pas l'eau, soyez attentionné si vous ne voulez pas que le bain devienne un rapport de force. Évitez les courants d'air. Placez un tapis de caoutchouc dans la baignoire ou le lavabo afin d'empêcher votre animal de glisser.

Remplissez la baignoire ou le lavabo d'un peu d'eau chaude (entre 5 et 10 cm) et utilisez la pomme de douche pour mouiller les poils. L'eau doit être à température du corps (environ 38,5 °C). Faites mousser avec un shampoing pour bébé ou pour chat. Rincez à l'eau chaude. Enveloppez votre chat dans une serviette pour le sortir du bain et séchez-le doucement avec une serviette sèche ou un sèche-cheveux. Évitez les courants d'air jusqu'à ce qu'il soit complètement sec. Peignez-le délicatement.

À gauche : Le toilettage des chats à poil long nécessite un gros peigne (1) pour ôter les saletés et démêler la fourrure. Saupoudrez les poils de talc ou d'argile smectique (2) pour les dégraisser. Brossez immédiatement. Utilisez une brosse métallique (3) pour enlever les poils morts en portant une attention particulière à la croupe. Brossez doucement la face avec une brosse à dents (4). Passez un gros peigne à rebrousse-poil sur toute la fourrure et sur la collerette pour la faire bouffer (5).

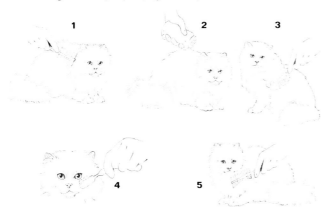

LES MALADIES DU CHAT

Quand le chat fait sa toilette, il lui arrive de se gratter avec sa patte postérieure pour déloger les parasites de sa fourrure.

Avant d'adopter un chat, vaccinez-le contre certaines des maladies virales les plus répandues et les plus graves chez les chats. La leucose féline, les infections des voies respiratoires supérieures et la rage sont incluses dans les vaccinations.

Pour être vacciné, votre chat doit être âgé de 8 à 12 semaines et exempt de parasites. Les vaccinations nécessitent des rappels annuels effectués lors du bilan de santé chez le vétérinaire.

Les chats sont également sujets à d'autres maladies, troubles et parasites, dont certains affectent aussi l'homme. Les puces, les tiques, les poux, les mites et les asticots sont les principaux parasites externes à repérer lors du toilettage. Certains insectes nuisibles transmettent des maladies. Les parasites internes comprennent une grande variété de vers microscopiques et d'organismes unicellulaires. Le protozoaire *Toxoplasma gondaii*, présent dans les selles du chat, est particulièrement dangereux, car il peut être transmis à l'homme. Les femmes enceintes, en particulier, ne doivent pas être en contact avec les fèces de l'animal. Il est donc conseillé de vermifuger régulièrement son chat afin d'éviter ces problèmes qui peuvent commencer par se manifester sous forme de diarrhées.

Toutes les parties du corps du chat peuvent être atteintes par des maladies : la peau par la teigne, la dermite et les ulcères ; le système digestif par l'entérite, la péritonite, les maladies du foie et du pancréas et les obstructions ; la bouche et les dents par la stomatite ; le système respiratoire par toutes sortes d'affections ; les yeux par la conjonctivite ; les oreilles par des affections diverses ; les reins par certaines maladies, le système circulatoire par l'anémie, les troubles cardiaques et la leucémie.

Soyez particulièrement attentif à l'état de santé de votre chat. Les vomissements, les chutes, les diarrhées, les troubles respiratoires, les saignements ou les pupilles dilatées sont des symptômes à ne pas négliger. Une perte d'appétit n'est généralement pas grave à moins qu'elle ne dure plus de 24 heures.

Pendant les séances de toilettage et tous les moments que vous passez avec votre animal, vous pouvez repérer des signes de maladie plus subtils tels que le manque d'entrain, l'éternuement, la toux, les yeux troubles, les paupières fermées, la mauvaise haleine, la douleur, la constipation, les mictions fréquentes, les écoulements et les changements d'habitudes.

Les chats commencent à montrer des signes de vieillissement après l'âge de 10 ans, ce qui équivaut à 60 ans pour un être humain. La durée de vie moyenne d'un chat est de 15 ans. Même s'ils ne peuvent pas vivre neuf vies, ils peuvent vivre longtemps en bonne santé si l'on prend bien soin d'eux.

LE GUIDE COMPLET DES RACES

Ce guide présente cinq races principales : les races à poil long, les races à poil mi-long, les races à poil court, les races étrangères et les races orientales. Elles sont subdivisées en de nombreuses variétés telles que « Persan à face de pékinois » ou « Persan fumé ». On distingue les variétés à couleur de robe unie et celles à couleurs de robe mélangées. Toutes les races et variétés sont illustrées par une photographie en couleurs facilitant leur identification et accompagnées de symboles relatifs à la spécificité de leurs besoins.

Les symboles

Toilettage   **Espace**

Chaque variété est accompagnée de deux symboles qui vous informent aussitôt sur les besoins spécifiques du chat. Ces deux symboles – toilettage et espace – se présentent chacun sous la forme d'un grand carré divisé en quatre petits carrés. Dans le symbole toilettage, par exemple, un seul petit carré ombré indique que le chat n'a pas vraiment besoin d'être toiletté, tandis que les quatre carrés ombrés indiquent que le chat nécessite un toilettage quotidien.

LES RACES À POIL LONG

Le Persan unicolore

Le Persan noir

L'une des races à pedigree les plus anciennes, le Persan noir, est l'une des plus difficiles à produire à la perfection pour les expositions. C'est un chat massif de toute beauté. Sa fourrure brillante, couleur noir de jais, s'accorde à merveille avec ses grands yeux tout aussi brillants.

La fourrure noire est sujette à développer des reflets rouille probablement dus à une forte luminosité ou à une atmosphère humide, et les périodes de mue engendrent l'apparition de bandes brunâtres dans la fourrure vaporeuse.

Les chatons sont souvent assez décevants, leur sous-poil offrant de multiples nuances et leur fourrure des tons rouille, mais ces défauts disparaissent généralement à la maturité sexuelle.

Couleur : la fourrure doit être noire comme du charbon de la racine à l'extrémité du poil, dénuée de toute nuance, marque ou ombre et sans poils blancs. La truffe est noire, les coussinets sont noirs ou bruns. Les yeux sont cuivre doré (États-Unis) ; cuivre ou orange foncé (Royaume-Uni), sans la moindre trace de vert.
Morphologie : ossature moyenne à forte, corps musclé, dos et épaules larges, face courte et aplatie.
Caractère : calme et doux, pas trop exigeant.

Le Persan bleu

La couleur bleue des chats est due à l'action du gène de dilution (le bleu est la couleur diluée du noir) et certains des premiers Persans importés avaient cette couleur de robe si séduisante. Lors des premières expositions félines un grand nombre de Persans bleus ont été présentés, mais ils ne ressemblaient pas vraiment aux chats d'exposition actuels. Au début du XIXe siècle les défauts vus lors des premières expositions tels que les médaillons et les marques tabby avaient été largement éliminés et la Blue Persian Society fut fondée en 1901 pour promouvoir la reproduction et l'exposition de ces chats. Les membres de cette société, dont la reine Victoria, possédaient des Persans bleus, ce qui a contribué à accroître leur popularité, toujours aussi forte de nos jours.

Couleur : la couleur bleue de la robe doit être uniforme, le poil bleu uni de sa racine à son extrémité. Toutes les nuances de bleu sont permises, mais les nuances plus claires sont préférées aux États-Unis. La fourrure ne doit porter ni marque, ni ombre ni poil blanc. La truffe et les coussinets sont bleus. Les yeux sont cuivre doré (États-Unis), orange foncé ou cuivre, sans aucune trace de vert (Royaume-Uni).

Morphologie : ossature moyenne à forte, corps musclé, dos et épaules larges, face courte, ronde et aplatie.

Caractère : calme et doux, pas trop exigeant.

Le Persan chocolat

Au cours de l'élevage et du développement des Persans colourpoint, les éleveurs ont pensé qu'il serait également possible de produire des Persans unicolores, chocolat ou lilas. Cette idée a été assez simple à appliquer, et des chats à la couleur de robe désirée ont été obtenus facilement, bien que leur type morphologique et la qualité de leur fourrure aient été jugés extrêmement médiocres par les juges comparés au standard de la race persane. Les éleveurs pionniers de ces variétés ont aussi eu à lutter contre la décoloration de la fourrure due au gène chocolat, et certains des premiers chats chocolat ont été décevants.

Après plusieurs tentatives, les éleveurs ont réussi à produire des Persans chocolat de qualité identique à celle des Persans colourpoint. Certaines associations nord-américaines classent les Persans chocolat parmi la race appelée Cachemire, d'autres parmi la variété colourpoint.

Couleur : la couleur est d'un brun chocolat riche et chaud, uniforme de la racine à la pointe des poils et dépourvu de marques, d'ombres ou de poils blancs. La truffe et les coussinets sont bruns. Les yeux sont cuivre doré (États-Unis), orange foncé ou cuivre (Royaume-Uni).
Morphologie : ossature moyenne à forte, corps massif mais élégant, face courte, ronde et aplatie.
Caractère : doux, affectueux et généralement peu exigeant.

Le Persan crème

Au début les chats crème étaient souvent appelés « beige faon » et souvent délaissés par les exposants au profit de chats aux couleurs plus marquées. En 1903 Frances Simpson écrivait que les Persans crème devenaient à la mode ; dans les faits, les premiers chats de cette variété ont été considérés comme des monstres ou des accidents de la nature et leurs propriétaires ont plutôt cherché à s'en débarrasser. Les Persans crème ont pourtant fini par être importés aux États-Unis de Grande-Bretagne et ont rapidement remporté des prix aux expositions. Le Persan crème d'exposition actuel est une race raffinée et élaborée, illustrant les meilleures caractéristiques du Persan typique.

Couleur : les standards de couleur de robe ne sont pas les mêmes aux États-Unis, au Royaume-Uni et en Europe. Le standard de la CFA exige un ton crème uniforme, sans marques, le crème clair étant préféré. Le GCCF exige un crème pur et uni, clair à légèrement soutenu, sans ombres ni marques. La Fifé, quant à elle, exige un crème pastel, pâle et pur, sans ton chaud ni ombres ou marques plus claires, le crème devant être uniforme de la racine à la pointe du poil. La truffe et les coussinets sont roses. Les yeux sont cuivre doré (États-Unis) ou cuivre foncé (Royaume-Uni).

Morphologie : ossature moyenne à forte, corps massif mais élégant, face pleine et joufflue.

Caractère : affectueux et gentil, doux et généralement peu exigeant.

Le Persan lilas

Comme le Persan chocolat, le Persan lilas est assez récent, un produit du programme d'élevage des Persans colourpoint. Au début, la variété a été difficile à produire conformément au standard du Persan, mais le problème est aujourd'hui résolu et la couleur délicate du Persan lilas très appréciée par les connaisseurs.

Certaines associations nord-américaines classent le Persan lilas (avec son « cousin » chocolat) parmi la race appelée Cachemire, d'autres parmi les Persans colourpoint.

Couleur : la robe est d'une couleur lavande chaude et riche au ton rosé, uniforme de la racine à l'extrémité du poil, dépourvue de marques, d'ombres ou de poils blancs. La truffe et les coussinets sont roses. Les yeux sont cuivre doré (États-Unis) ou orange clair (Royaume-Uni).

Morphologie : ossature moyenne à forte, corps massif mais élégant, face ronde et joufflue.

Caractère : doux, affectueux, gentil et généralement peu exigeant.

Le Persan roux

Une certaine confusion a existé à l'origine concernant la description exacte de la couleur de cette variété. Jusqu'en 1894 les expositions au Crystal Palace de Londres présentaient des classes pour les Persans tabby bruns ou tabby roux, mais en 1895 une classe pour les Persans roux et les Persans crème a été ajoutée. La Orange, Cream, Fawn et Tortoiseshell Society a revu le standard du Persan roux qui devait avoir « une couleur aussi vive que possible, soit unie soit avec des marques bien nettes ». Les juges sélectionnaient visiblement les gagnants dans la même classe, que la couleur soit unie ou mélangée. Au fil des ans les éleveurs ont sélectionné soit des Persans roux unis, soit des Persans tabby roux, et en 1912 ces chats appartenaient à des classes séparées tout en continuant d'être décrits comme roux ou tabby roux. La couleur la plus soutenue a été sélectionnée et, depuis cinquante ans, les Persans roux ont connu des améliorations considérables.

Couleur : la robe doit être d'un roux vif, riche et profond sans marques ni ombres ni tiquetage. Les babines et le menton sont de la même couleur que la fourrure. La truffe et les coussinets sont rouge brique. Les yeux sont cuivre doré (États-Unis) ou cuivre foncé (Royaume-Uni).

Morphologie : ossature moyenne à forte, corps massif mais élégant, face courte, ronde et joufflue.

Caractère : doux, affectueux et gentil, généralement peu exigeant.

Le Persan blanc

Cette variété est populaire depuis plus d'un siècle. Elle résulte du croisement entre les premiers Angoras et Persans importés. Le Persan blanc d'origine avait des yeux bleus et, à cause d'une anomalie génétique, était généralement sourd. Les éleveurs se sont alors efforcés d'améliorer le type et la conformation des Persans blancs et ont effectué des croisements entre des Persans bleus et des Persans noirs qui avaient remporté des concours. Non seulement la progéniture qui en a résulté avait des os plus solides, ainsi qu'un corps et une tête améliorés, mais certains chatons avaient des yeux orange ou cuivre, voire dans certains cas des yeux vairons, l'un bleu et l'autre orange ou cuivre. Et la plupart entendaient bien, même si certains aux yeux vairons étaient sourds de l'oreille située du côté de l'œil bleu.

Les Persans blancs nécessitent un toilettage particulièrement minutieux, car ils ont tendance à développer des taches jaunes autour des yeux, narines, des lèvres et sous la queue. Si l'on n'y prend pas garde, ces taches peuvent devenir impossibles à retirer, gâtant la beauté de la fourrure.

Couleur : la robe doit être d'un blanc pur, sans aucune marque ni ombre. La truffe et les coussinets sont roses. Chez le Persan blanc aux yeux bleus, la couleur des yeux est d'un bleu saphir profond. Chez les Persans blancs aux yeux cuivre (États-Unis) ou orange (Royaume-Uni), la couleur des yeux est cuivre doré (États-Unis), orange ou cuivre (Royaume-Uni). La variété aux yeux vairons possède un œil bleu et l'autre cuivre ou orange.

Morphologie : ossature moyenne à forte, corps massif mais élégant, face courte et plutôt ronde.

Caractère : affectueux, gentil et généralement peu exigeant.

Le Persan à couleurs mélangées

Le Persan bicolore

Parmi les premiers chats « fantaisies » à avoir été décrits figurent les bicolores. Principalement à poil court, ils sont de plusieurs couleurs, mais toujours avec du blanc. Lors des premières expositions, les chats blanc et noir étaient appelés magpies (pies) et devaient avoir des marques très précises et régulièrement distribuées. De telles marques étaient très difficiles à obtenir, et rares étaient les éleveurs à persévérer pour produire le bicolore parfait. Enfin, de nouveaux standards ont été établis par des associations félines.

Couleur : le Persan bicolore peut avoir une robe de n'importe quelle couleur unie, mais toujours accompagnée de blanc. Les combinaisons les plus fréquentes sont noir et blanc, bleu et blanc, roux et blanc, crème et blanc. Aux États-Unis, les chats doivent avoir des membres et des pattes blanches, une poitrine, un estomac, un ventre et un museau blancs, et un V renversé blanc sur la face est le bienvenu.

Le standard du Royaume-Uni est moins précis sur la distribution exigée entre le blanc et la couleur. Les taches de couleur doivent être bien nettes et régulièrement réparties, la couleur ne devant pas couvrir plus des deux tiers de la robe et le blanc pas plus de la moitié. La face doit présenter des taches blanches et colorées.

Morphologie : de taille moyenne et bien musclée, avec une poitrine large et une tête large, courte et aplatie.

Caractère : doux, calme et affectueux, généralement peu exigeant.

Le Persan bicolore Van

Cette sous-variété de Persan bicolore peut être noir et blanc, bleu et blanc, roux et blanc ou crème et blanc. Toutefois, la distribution des couleurs est assez différente de celle du Persan bicolore standard. Le Persan bicolore Van est essentiellement un chat blanc avec une couleur limitée aux extrémités – tête, membres et queue. Seules une ou deux petites taches de couleur sur le corps sont autorisées.

Les défauts de pedigree possibles incluent des taches colorées irrégulièrement distribuées, une fourrure trop peu fournie, un corps trop mince, une couleur de queue différente, un museau allongé et des oreilles trop serrées.

Couleur : la robe est blanche avec du roux, du noir, du bleu ou du crème aux extrémités. Les standards de couleur sont identiques à ceux du Persan bicolore standard.

Morphologie : de taille moyenne et plutôt solide, avec une tête large et ronde et des membres courts et épais.

Caractère : affectueux, gentil, généralement peu exigeant et assez calme.

Le Persan bleu crème

Le bleu crème est l'équivalent dilué de l'écaille de tortue. De même que le Persan écaille a des taches de noir et de roux, le Persan bleu crème a des taches de bleu (dilution du noir) et de crème (dilution du roux). À l'origine, certains connaisseurs étaient capables de prévoir globalement le résultat de croisements entre des chats de diverses couleurs. Mais les premiers éleveurs ont été confrontés à un problème majeur : ils n'ont pas réalisé que les bleu crème ou « chats bleus à marques » étaient tous des femelles et que la couleur était liée au sexe.

Couleur : les exigences en matière de couleurs et de marques de robe diffèrent. En Amérique du Nord, la robe doit être bleue avec des taches bien définies de crème dense sur le corps et les extrémités. Le GCCF exige que la robe présente des tons pastel de bleu et de crème délicatement mélangés. La Fifé appelle le bleu crème l'écaille bleu et exige que la robe offre des taches ou des mélanges de bleu-gris clair et de crème pâle, ces deux couleurs devant être également réparties sur le corps et les extrémités. Les yeux sont cuivre doré (États-Unis), cuivre foncé ou orange (Royaume-Uni).

Morphologie : de taille moyenne et bien musclée, avec une poitrine large et une face ronde et aplatie.

Caractère : affectueux, doux et généralement peu exigeant.

Le Persan caméo

Le Persan caméo résulte du croisement entre un Persan fumé et un Persan écaille de tortue de type exceptionnel. Les chatons caméo développent leur couleur subtile en grandissant. Il existe trois intensités de couleur : le shell caméo (chinchilla roux) est très clair, le shaded caméo (roux ombré) un peu plus soutenu et le smoke caméo (roux fumé) encore plus sombre.

Couleur : le sous-poil blanc du shell caméo doit être associé à un tipping roux clair sur la tête, le dos, les flancs et la queue pour donner l'apparence miroitante caractéristique de cette variété. Les poils de la face et des membres doivent être légèrement colorés à leur extrémité. Le menton, les plumets d'oreille, l'estomac et la poitrine sont blancs. Le contour des yeux, la truffe et les coussinets sont roses. Les yeux sont cuivre doré.

Morphologie : de taille moyenne et bien musclée, avec une tête large et ronde et une face courte et aplatie. Les oreilles sont petites et bien formées.

Caractère : naturellement affectueux et doux, généralement peu exigeant.

Le Persan caméo roux ombré

Comme les autres formes de caméo,
le caméo roux ombré est une variété
relativement nouvelle de Persan
à fourrure « tipped », à mi-chemin entre
le roux fumé qui a un poil coloré
sur presque toute sa longueur (tipping
important) et le chinchilla roux aux
seules pointes colorées (tipping léger).
La fourrure est longue, soyeuse,
abondante et le sous-poil presque blanc
contraste avec les extrémités des poils
plus sombres. Les oreilles sont petites,
bien formées et bien plantées, bien que
des oreilles trop rapprochées soient
un défaut possible de la race. Parmi les
défauts, on peut citer un poil trop peu
fourni, un corps trop fin et une queue
de couleur différente. Les chatons
naissent presque blancs et développent
leur couleur subtile en grandissant.

Couleur : le sous-poil blanc est recouvert
d'un tipping noir du poil avec des taches bien
définies au tipping roux et roux clair sur la face,
le bas des flancs et la queue. La couleur
est sombre sur la colonne vertébrale et claire,
presque blanche sur la poitrine, l'estomac,
sous la queue et sur le menton. L'effet général
est beaucoup plus sombre que celui du shell
caméo (chinchilla roux). Les yeux sont
cuivre doré.

Morphologie : de taille moyenne et
bien musclée, plutôt massive, avec une poitrine
large, une tête ronde et large et une face aplatie.

Caractère : doux, affectueux
et généralement peu exigeant.

Le Persan chinchilla

Peut-être le plus glamour de tous
les Persans, le Persan chinchilla
a une apparence miroitante et argentée
caractéristique. Les premiers Persans
chinchilla sont nés par accident lorsque
des tabby argentés ont été croisés avec
des chats d'autres couleurs. Les premiers
Persans chinchilla étaient beaucoup
plus foncés que ceux d'aujourd'hui,
mais au cours du développement

de la race, les chats plus clairs ont été
appelés Persans chinchilla et les plus
sombres, appartenant à un autre
standard, Persans argentés ombrés.

Couleur : ce chat possède un sous-poil
d'un blanc pur et un poil à l'extrémité noire
sur la tête, le dos, les flancs et la queue, ce qui
donne l'aspect caractéristique de cette variété
– des reflets argentés brillants. Les membres
peuvent avoir un tipping léger. Le menton,
les plumets d'oreille, la poitrine et l'estomac
sont d'un blanc pur et les yeux, les lèvres
et le nez sont cernés de noir. La truffe est rouge
brique, tandis que les coussinets sont noirs.
Les yeux sont verts ou bleu-vert.

Morphologie : de taille moyenne et plutôt
massive, avec une tête large et ronde.

Caractère : doux et affectueux, et plus
sociable que la plupart des Persans.

Le Persan doré

Aujourd'hui reconnus comme une race à part entière, les Persans dorés dérivent probablement des Persans chinchilla porteurs du gène roux et ont été élevés aux États-Unis. Les Persans dorés ombrés commencent également à faire leur apparition dans les expositions. Le sous-poil est d'un crème riche et chaud. Les poils de la face, des flancs et de la queue sont bruns sur une longueur suffisante pour donner au Persan doré ombré une apparence plus sombre que le Persan doré. Les membres sont du même ton que la face.

Couleur : le sous-poil est d'un crème riche et chaud avec un tipping brun sur la tête, le dos, les flancs et la queue, ce qui donne au chat un aspect doré. Les membres peuvent avoir un léger tipping et les yeux, les lèvres et le nez sont cernés de brun. La truffe est rose foncé, les coussinets sont bruns et les yeux verts ou bleu-vert.

Morphologie : de taille moyenne et assez massive, avec une tête large et ronde. Le nez est plutôt retroussé.

Caractère : doux et très affectueux.

Le Persan à face de pékinois

Forme de Persan roux, le Persan appelé à juste titre « à face de pékinois » a été sélectionné pour avoir une face qui ressemble à celle du chien du même nom : nez légèrement retroussé, bosse entre les yeux, plis ou rides autour des yeux. Cette forme est très rare, de même que le Persan roux dont elle dérive.

Excepté la face, cette variété possède la plupart des caractéristiques des autres Persans dont les oreilles de petite taille, arrondies et poilues, ainsi que la fourrure épaisse et soyeuse. L'écrasement de la face entraîne souvent des difficultés d'alimentation et respiratoires, et les dents sont souvent en surnombre.

Couleur : la couleur de la fourrure longue et luxuriante doit être d'un roux profond et uniforme. Vu qu'il est impossible de supprimer totalement les marques tabby du Persan à face de pékinois et du Persan roux, les éleveurs s'efforcent de réduire au minimum l'effet du gène tabby, bien que les membres, la queue et la face conservent des traces de marques tabby. Les yeux sont cuivre foncé.

Morphologie : assez solide et massive, avec des membres courts et épais et des pattes rondes.

Caractère : l'air fâché, renfrogné, cache un tempérament doux, calme et affectueux.

Le Persan fumé

Le Persan fumé noir

Apparus pour la première fois dans les années 1870, ils résultaient de croisements entre des Persans noirs, des Persans bleus et des Persans chinchilla. La robe semble unicolore, impression produite par un tipping très long et très sombre du poil. Car en fait le sous-poil est blanc, mais il n'apparaît que lorsque le chat se met en mouvement.

Ce chat a une collerette argentée typique autour du cou qui contraste merveilleusement avec sa tête noire. Comme chez tous les fumés, la fourrure est longue, dense, soyeuse et nécessite un toilettage encore plus fréquent et minutieux que les autres Persans.

Couleur : le sous-poil est d'un blanc pur avec un tipping noir très important du poil. Au repos, le chat apparaît noir, mais en mouvement le sous-poil blanc devient visible. Le masque et les extrémités sont noirs, avec une étroite bande blanche à la base des poils visible uniquement si on les écarte. La collerette et les plumets d'oreille sont argent clair. La truffe et les coussinets sont noirs. Les yeux sont cuivre doré (États-Unis), orange ou cuivre (Royaume-Uni).

Morphologie : de taille moyenne et assez massive, avec une tête large et ronde et un nez retroussé.

Caractère : doux et affectueux, généralement peu exigeant.

Le Persan fumé bleu

Le Persan fumé est souvent appelé
« chat de contrastes » et, bien que rare,
il constitue un excellent type de Persan.
La race a toujours été très populaire
aux États-Unis. Les Persans fumés
d'exposition exigent une attention
particulière parce que l'humidité
et l'excès de soleil gâtent la beauté
de leur fourrure.

Le Persan fumé bleu ressemble
au Persan bleu, mais quand il bouge
son sous-poil blanc contraste
avec le bleu. Ces chats sont difficiles
à obtenir sans marques tabby.

Couleur : le sous-poil est blanc et le poil
bleu sur presque toute sa longueur, de sorte
qu'au repos le chat est bleu uni et en
mouvement bleu et blanc, le sous-poil devenant
alors visible. Le masque et les extrémités sont
bleus avec une étroite bande de poils blancs près
de la peau qui n'apparaît que si l'on écarte les
poils. La collerette et les plumets d'oreille sont
blancs, la truffe et les coussinets bleus. Les yeux
sont cuivre doré ou orange ou cuivre.

Morphologie : de taille moyenne et assez
massive ; tête large, ronde et nez retroussé.

Caractère : doux et affectueux,
généralement peu exigeant.

Le Persan fumé crème

Le Persan fumé crème est la version diluée du Persan fumé roux. La couleur crème est présente sur presque toute la longueur des poils. Le Persan fumé crème est difficile à produire sans marques tabby distinctes. La fourrure longue, dense et soyeuse exige un toilettage fréquent et soigné pour éviter que les poils s'emmêlent. Si leurs maîtres veulent les exposer dans les meilleures conditions, les fumés doivent être protégés des rayons directs du soleil et de l'humidité. Ce sont de bons chasseurs de souris.

Couleur : le sous-poil est blanc et le poil crème sur presque toute sa longueur avec des taches clairement définies de crème plus sombre. Au repos, le chat est crème, mais en mouvement le sous-poil blanc devient visible. La face et les oreilles sont crème avec une étroite bande de poils blancs près de la peau uniquement visible si l'on écarte la fourrure. Une flamme crème foncé sur la face est souhaitable. La collerette et les plumets d'oreille sont blancs. Les yeux sont cuivre doré.

Morphologie : de taille moyenne et assez massive ; tête large, ronde et nez retroussé.

Caractère : doux, affectueux et généralement peu exigeant.

Le Persan fumé roux

Même si, à première vue, le Persan fumé roux semble unicolore, il possède, comme les autres Persans fumés, un sous-poil clair visible lorsqu'il se déplace. La fourrure est longue, dense et soyeuse.

À des fins de reproduction, les fumés peuvent être accouplés entre eux, mais leurs caractéristiques se détérioreront alors au fil des générations, à moins qu'ils ne soient croisés avec des Persans bleus ou noirs de qualité.

Couleur : le sous-poil est blanc et le poil est roux sur presque toute sa longueur. Le moindre déplacement laisse apparaître le sous-poil blanc. Le masque et les extrémités du corps sont roux, avec une étroite bande de poils blancs près de la peau visible lorsque l'on fait des raies dans la fourrure. La collerette et les plumets d'oreille sont blancs, le contour des yeux, la truffe et les coussinets roses. Les yeux sont cuivre doré.

Morphologie : de taille moyenne et assez massive ; tête ronde, large et nez retroussé.

Caractère : doux, affectueux et généralement peu exigeant.

Le Persan fumé écaille de tortue

C'est un nouveau venu parmi les Persans fumés et il s'agit généralement de femelles. Les Persans fumés écaille de tortue portent les marques écaille typiques avec un sous-poil blanc et un poil noir sur presque toute sa longueur. Ce chat présente les couleurs écaille de tortue standards – roux, crème et noir – et les éleveurs sont en train de développer une nouvelle couleur – écaille lilas (ci-dessus). Comme les autres fumés, c'est une variété glamour et populaire.

Couleur : le sous-poil est blanc avec un tipping noir du poil prononcé et des taches rousses ou roux clair unies nettement définies – le motif écaille de tortue. Au repos, le chat semble écaille de tortue, mais en mouvement le sous-poil blanc devient visible. La face et les oreilles portent la marque écaille de tortue, avec une étroite bande de poils blancs près de la peau uniquement visible lorsque l'on écarte la fourrure. Une flamme rousse sur la face est souhaitable. La collerette et les plumets d'oreille sont blancs, les yeux cuivre doré.

Morphologie : de taille moyenne et assez massive, avec une tête ronde et large et un nez retroussé.

Caractère : doux, affectueux et généralement peu exigeant.

Le Persan tabby ou marbré

Le Persan tabby bleu

Les chats tabby à pedigree ont toujours suscité la controverse au sujet de leurs standards dans le monde des félins. Au début du développement des races, personne n'était d'accord sur la forme et la précision des marques, et encore moins sur la couleur des yeux. Les Persans tabby sont assez rares dans les expositions du monde entier, probablement parce qu'il est difficile de satisfaire parfaitement aux critères de race exigés.

Couleur : la couleur de base, ivoire bleuté, inclut les babines et le menton. Les marques sont bleu très foncé, offrant un très beau contraste avec le fond clair. Une légère couche de poils couleur faon, assez chaude, recouvre l'ensemble de la robe. La truffe est vieux rose et les coussinets roses. Les yeux sont cuivre doré.
Morphologie : de taille moyenne et assez massive ; tête large, ronde et nez retroussé.
Caractère : doux, affectueux et généralement peu exigeant.

Le Persan tabby brun

Bien que le Persan tabby brun soit considéré comme le type original des Persans tabby, cette couleur naturelle est tombée dans un oubli relatif ces dernières années. Les chats tabby à pedigree n'ont jamais fait l'unanimité sur leurs standards dans le monde des chats, et les Persans tabby bruns ne font pas exception à la règle. La difficulté à trouver des croisements adaptés a peut-être contribué au problème, et l'accouplement des Persans tabby entre eux sur plusieurs générations engendre une perte de leurs caractéristiques. De plus, il n'est pas facile de produire la couleur de robe souhaitée. Le standard américain diffère du standard britannique en autorisant à la fois les dessins habituels (marbrures) et les dessins tigrés – des bandes striées parallèles le long des flancs.

Couleur : la couleur de base est un brun – fauve brillant. Les marques sont d'un noir profond. Les babines et le menton sont de la même couleur que le contour des yeux. La partie postérieure des membres doit être noire de la patte au talon. La truffe est rouge brique, les coussinets sont noirs ou bruns. Les yeux sont cuivre ou noisette.

Morphologie : de taille moyenne et plutôt massive ; une tête ronde, large, un nez retroussé.

Caractère : doux, affectueux et généralement peu exigeant.

Le Persan tabby roux

Le type tabby marbré exige des marques précises, clairement définies, denses et larges. Une fourrure d'un roux profond et soutenu avec des marques d'un roux encore plus foncé correspond au standard du Persan tabby roux d'exposition, appelé à l'origine Persan tabby orange.

Bien que le type du Persan tabby roux soit bon présentement, il subsiste des difficultés à obtenir les marques correctes. Les dessins sont toutefois établis quasi définitivement dès le plus jeune âge des chatons ; ils changent peu à l'âge adulte.

Couleur : la couleur de base est rousse. Les babines et le menton sont roux. Les marques sont d'un roux plus sombre. La truffe est rouge brique et les coussinets sont noirs ou bruns. Les yeux sont cuivre doré.

Morphologie : massive et musclée ; tête ronde, large et oreilles à implantation basse.

Caractère : doux, affectueux et généralement peu exigeant.

Le Persan tabby argenté

Les Persans tabby argentés sont relativement rares actuellement, surtout en raison de la difficulté à obtenir une robe à la couleur de base argent avec des marques tabby noires. En outre, la production de tabby argentés de qualité est rendue encore plus difficile par le fait que ce sont souvent les chatons les plus sombres d'une portée qui s'avèrent être les adultes aux marques les plus réussies, tandis que ceux qui paraissaient prometteurs perdent leurs marques en grandissant. Les croisements avec des Persans tabby bruns ont engendré quelques argentés aux marques brunes, alors que les croisements avec des Persans noirs produisent souvent des tabby argentés aux yeux orange.

Couleur : la couleur de base argent clair inclut les babines et le menton. Les marques sont d'un noir profond. La truffe est rouge brique, les coussinets sont noirs. Les yeux sont verts ou noisette.

Morphologie : massive et musclée ; tête ronde, large et oreilles à implantation basse.

Caractère : doux, affectueux et généralement peu exigeant.

Le Persan tabby écaille de tortue

Le Persan tabby écaille de tortue est un chat dont la marque tabby est la couleur principale. Cette couleur est recouverte par du noir ou du roux qui laissent toutefois les marques tabby et l'écaille de tortue clairement visibles. Les membres doivent être régulièrement barrés, les bracelets s'étendant jusqu'aux marques du corps. La queue doit présenter également des annelages réguliers.

Outre le Persan tabby écaille brun représenté ici, il existe des Persans tabby écaille bleu et écaille argent qui ont des yeux cuivre doré.

Couleur : la couleur de base est un brun fauve brillant. Les babines et le menton sont du même ton que le contour des yeux. Les marbrures sont d'un noir dense, les taches sont rousses ou roux clair, clairement définies sur le corps et les extrémités. Les yeux sont cuivre doré.

Morphologie : massive et musclée, avec une tête ronde et large et de petites oreilles à implantation basse.

Caractère : doux et affectueux, généralement peu exigeant.

Le Persan écaille de tortue

Connus et appréciés depuis les débuts
de l'élevage félin, les Persans écaille
de tortue attirent toujours l'attention
du public lors des expositions par
leur robe impressionnante, noire avec
des taches rousses. Les premiers chats
écaille de tortue étaient à poil court,
mais des animaux à poil long ont été
exposés dès le début des années 1900.
Ils ont toujours été des animaux
de compagnie très appréciés.
Les éleveurs sont intrigués par le fait
qu'il n'existe que des femelles
de cette variété et admirent le grand
choix de couleurs qu'une femelle écaille
de tortue peut produire selon les gènes
récessifs déterminant la couleur
de sa robe et selon la couleur
et le génotype du mâle
avec lequel elle est croisée.

Couleur : la robe est noire unie avec des
taches rousses et roux clair clairement définies
sur le corps et les extrémités. Une flamme
rousse ou roux clair sur la face est souhaitable.
Les yeux sont cuivre doré.

Morphologie : de taille moyenne
et massive, avec une poitrine large, une tête
ronde et large et un nez court.

Caractère : doux, affectueux
et généralement peu exigeant.

Le Persan calico

Les chats écaille de tortue et blanc, autrefois appelés chintz au Royaume-Uni, sont nommés calico aux États-Unis. Dans le cas du calico dilué, l'action du gène de dilution remplace la couleur noire par du bleu et les taches rousses par du crème, ce qui donne un chat bleu, crème et blanc. Les mâles n'existant pas dans ces variétés (des mâles sont nés très rarement, mais ils étaient toujours stériles à l'âge adulte), des chats unicolores sont généralement utilisés comme étalons.

Couleur : le corps est blanc avec des taches unies noires et rousses. Le blanc prédomine dans la partie inférieure du corps. Les yeux sont cuivre doré. Le corps du calico dilué est blanc avec des taches unies bleues et crème. Le blanc, là aussi, est prédominant dans la partie inférieure du corps. Les yeux sont également cuivre doré.

Morphologie : de taille moyenne, massive, avec une poitrine large, une tête ronde et large et un nez plutôt court.

Caractère : gentil, doux, affectueux et généralement peu exigeant.

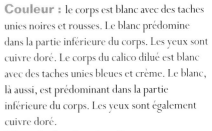

Le Persan colourpoint

Le Persan point bleu

Les caractéristiques du Persan dominent dans la plupart des aspects physiques du Persan colourpoint – excepté la couleur, bien sûr. La fourrure est soyeuse, épaisse et dense, avec une collerette très fournie. Chez les chatons, les marques faciales (le masque) ne sont pas entièrement développées, laissant un front clair caractéristique. Les points foncés sont favorisés chez les chats d'exposition, bien que la profondeur de la couleur ne puisse jamais être aussi intense que chez les Siamois.

Couleur : le corps est d'un blanc bleuté froid qui passe progressivement au blanc pur sur la poitrine et l'estomac. Les points sont bleus. La truffe et les coussinets sont gris ardoise. Les yeux sont d'un bleu vif et profond.

Morphologie : de taille moyenne, massive, avec un corps relativement trapu et une face large et ronde ; les oreilles, larges, ont une implantation basse.

Caractère : intelligent, joueur, doux et très affectueux ; exige beaucoup d'attention.

Le Persan point crème

Le caractère du Persan colourpoint associe les meilleurs traits des chats dont il est issu – le Siamois et le Persan. Il est généralement un peu plus enjoué et joueur que ses « cousins » Persans unis, mais moins bruyant et turbulent que le Siamois type.

Le Persan point crème a hérité de la précocité sexuelle des Siamois : en effet les femelles colourpoint sont en chaleur dès huit mois ; de leur côté, par contre, les mâles n'atteignent pas leur maturité sexuelle avant l'âge de dix-huit mois.

Couleur : la robe est blanc crémeux. Les points sont jaune crème et ne doivent pas avoir de teinte abricot. La truffe et les coussinets sont chair ou saumon. Les yeux sont d'un magnifique bleu vif et profond.

Morphologie : de taille moyenne, massive, avec un corps plutôt trapu et une face large et ronde ; les oreilles, larges, ont une implantation basse.

Caractère : intelligent, joueur, doux et très affectueux ; exige beaucoup d'attention.

Le Persan point roux

Appelé aussi Persan point flamme, c'est un chat superbe, avec un corps blanc crémeux, de teinte légèrement abricot, et des points roux, abricot plus foncé. La fourrure est soyeuse, épaisse, dense et forme une collerette abondante. Les défauts du pedigree peuvent inclure un strabisme, une mauvaise structure osseuse, des yeux d'une couleur autre que le bleu et des marques qui n'appartiennent pas au standard.

Couleur : le corps est blanc crémeux. La couleur des points va de l'orange foncé au roux sombre. La truffe et les coussinets sont chair ou corail. Les yeux sont d'un bleu vif et profond.

Morphologie : de taille moyenne et massive, avec un corps plutôt trapu et une face ronde et large ; les oreilles, larges, ont une implantation basse.

Caractère : intelligent, joueur, doux et très affectueux ; exige beaucoup d'attention.

Le Persan seal point
ou point brun

Souvent confondu avec un Siamois à poil long en raison de sa couleur de robe, le Persan seal point est bien un Persan, le produit de croisements entre des Siamois, des Chats sacrés de Birmanie et des Persans qui ont porté leurs fruits dès le milieu des années 1930. La reproduction a engendré les points et les couleurs qui n'appartenaient jusqu'alors qu'au Siamois. Le Persan colourpoint associe les meilleurs traits de caractère des chats dont il est issu.

Couleur : le corps est d'une chaude couleur faon clair ou crème uni qui s'éclaircit sur la poitrine et l'estomac. Les points sont brun foncé. La truffe et les coussinets sont de la même couleur que les points. Les yeux sont d'un bleu vif et profond.

Morphologie : de taille moyenne, massive, avec un corps plutôt trapu et une face large et ronde ; les oreilles, larges, sont à implantation basse.

Caractère : intelligent, joueur, doux et très affectueux ; exige beaucoup d'attention.

Le Persan point tabby bleu

Toutes les variétés à points tabby doivent avoir un « M » clairement dessiné sur le front, des babines au poil tacheté et des « lunettes » autour des yeux. Les extrémités des oreilles et de la queue doivent avoir une couleur identique.

Outre le Persan point tabby bleu, il existe des Persans point tabby chocolat, lilas et seal. Le Persan point tabby lilas est très beau, avec une fourrure d'un blanc pur sur le corps et un masque sombre aux contours bien définis.

Couleur : le corps est d'un blanc bleuté froid. Le masque a des contours bien définis et des rayures sombres. Les joues portent des lignes horizontales. Des points sombres apparaissent sur les babines. L'intérieur des oreilles est clair. Les membres sont régulièrement barrés de bracelets et la queue est également barrée. Toutes les marques doivent être larges, denses et nettement définies. Aucune rayure ni marbrure n'est autorisée sur le corps, mais chez les chats âgés il est tenu compte de leurs poils plus sombres formant des ombres. Les points sont d'un bleu clair argenté, tiquetés avec des marques tabby d'un bleu plus foncé. La truffe est bleue ou rouge brique et les coussinets bleus. Les yeux sont d'un bleu vif et profond.

Morphologie : de taille moyenne, massive, avec un corps plutôt trapu et une face ronde et large ; les oreilles, larges, sont à implantation basse.

Caractère : intelligent, joueur, doux et très affectueux ; exige beaucoup d'attention.

Le Persan point tabby chocolat

**Tous les chatons Persans colourpoint
sont très curieux, très affectueux
et très joueurs. Les marques se
développent lentement et la robe
montre ses véritables couleurs quelques
semaines après la naissance des chatons.**

**Comme pour les autres formes
de Persans point tabby, la forme chocolat
doit avoir un « M » bien dessiné
sur le front, des babines tachetées
et des « lunettes » autour des yeux.**

Couleur : la robe du corps est ivoire.
Le masque a des contours bien définis
et des rayures sombres : lignes verticales sur
le front formant un « M », lignes horizontales
sur les joues, taches sombres sur les babines.
L'intérieur des oreilles est clair et l'extérieur

porte une empreinte en forme de pouce.
Les membres sont barrés avec des bracelets,
la queue est également barrée. Toutes les
marques doivent être larges, de couleur dense
et bien définies. Aucune rayure ni marbrure n'est
autorisée sur le corps, mais chez les chats âgés
il est tenu compte de leurs poils plus sombres
formant des ombres. Les points sont d'un faon
chaud, tiquetés de marques chocolat au lait.
La truffe et les coussinets sont cannelle.
Les yeux sont d'un bleu vif et profond.

Morphologie : de taille moyenne, massive,
avec un corps trapu et une face ronde et large ;
les oreilles, larges, sont à implantation basse.

Caractère : intelligent, joueur, doux
et très affectueux ; exige beaucoup d'attention.

Le Persan tabby seal point

Comme les autres Persans colourpoint, les Persans tabby seal point sont très affectueux, très dévoués envers leur maître, cherchant souvent des marques d'attention de sa part. La reconnaissance des standards de couleurs varie légèrement entre les États-Unis et la Grande-Bretagne, mais cette variété est acceptée par les associations félines des deux pays, tout comme les Persans point bleu, point chocolat, point roux, point lilas et point écaille de tortue. Aux États-Unis, le Persan tabby seal point est aussi appelé seal lynxpoint.

Les chatons naissent toujours avec une couleur relativement pâle et leurs marques à points ne deviennent totalement visibles qu'à l'âge de dix-huit mois environ, parfois même plus tard.

Couleur : la robe du corps est crème clair à faon, de couleur chaude. Le masque a des contours bien définis et des rayures sombres : lignes verticales sur le front formant un « M », lignes horizontales sur les joues, taches sombres sur les babines. L'intérieur des oreilles est clair et l'extérieur porte une empreinte en forme de pouce. Les membres sont barrés régulièrement. Toutes les marques doivent être larges, denses et nettement définies. Aucune rayure ni marbrure n'est autorisée sur le corps, mais chez les chats âgés il est tenu compte de leurs poils plus sombres formant des ombres. Les points sont bruns tiquetés de marques tabby brunes plus foncées. La truffe est brune ou rouge brique, les coussinets sont bruns et les yeux d'un bleu vif et profond.

Morphologie : de taille moyenne, massive, avec un corps trapu et une face large et ronde ; les oreilles, larges, sont à implantation basse.

Caractère : intelligent, joueur, doux et très affectueux ; exige beaucoup d'attention.

LES RACES À POIL MI-LONG

L'American Curl

Apparu pour la première fois en 1981 en Californie, l'American Curl ou Bouclé américain n'est arrivé au Royaume-Uni que récemment et n'est toujours pas reconnu par le GCCF.

Tous les Bouclés américains descendent de Shulamith, une chatte aux étranges oreilles recourbées vers l'arrière. Lorsqu'elle eut une portée de quatre chatons, deux avaient les mêmes oreilles recourbées. Un programme de reproduction fut établi et cette race fut assez vite reconnue par la CFA. Elle a aujourd'hui de fervents et fidèles admirateurs.

Le poil est mi-long et près du corps. La queue en panache est remarquable et les oreilles doivent être bien poilues.

Couleur : toutes les couleurs de fourrure et toutes les marques de robe sont autorisées.
Morphologie : de taille moyenne et élégante ; les yeux sont grands et ronds et les oreilles, si particulières, doivent s'incurver doucement vers l'arrière.
Caractère : affectueux, intelligent, joueur et de compagnie agréable ; n'exige pas une attention de tous les instants.

L'Angora turc

L'Angora turc, originaire de Turquie et l'une des plus anciennes races de chats, fut le premier chat à poil long à atteindre l'Europe. Au XVIe siècle, les Angoras turcs étaient décrits comme « des chats brun cendré et tachetés, beaux à regarder ». Ces chats ont fait l'objet d'un programme de reproduction et certains chatons sont venus en Angleterre où ils étaient appelés chats français. Lorsqu'un autre type de chat à poil long arriva en Europe de Perse (l'actuel Iran), l'Angora turc et le Persan furent croisés sans discernement.

Le Persan a progressivement supplanté l'Angora turc en popularité et jusqu'au XXe siècle la race des Angoras turcs était quasiment inconnu en dehors de son pays natal.

Parmi les Angoras turcs unicolores figurent le noir (ci-dessous), le bleu, le chocolat, le lilas, le roux, le crème, le cannelle, le caramel et le blanc.

Couleur : la robe doit être de couleur dense, noir comme du jais de la racine à la pointe des poils, et sans ton rouille aux extrémités ni sous-poil fumé. La truffe est noire, les coussinets sont noirs ou bruns. Les yeux sont ambre. La fourrure noire comme du jais exigée pour cette variété est souvent difficile à produire, en particulier chez le jeune chat envers lequel les juges se montrent indulgents.

Morphologie : longue, svelte et élégante, avec une tête effilée, en forme de coin.

Caractère : éveillé, vif et intelligent ; de compagnie agréable.

L'Angora lilas

Chatons précoces, les Angoras sont joueurs et sportifs. Ils sont généralement affectueux avec leur maître, mais peuvent se montrer distants à l'égard des étrangers.

Les Angoras muent beaucoup en été, et la fourrure flottante doit être peignée tous les jours. L'absence de sous-poil laineux empêche la formation de nœuds dans les poils.

Couleur : la fourrure longue, soyeuse et lustrée est couleur lilas — un gris froid avec des tons rosés. La truffe et les coussinets sont noirs. Les yeux sont ambre.

Morphologie : élégante, mince et souple, avec un corps bien proportionné et une tête cunéiforme.

Caractère : vivant, intelligent et de compagnie agréable.

L'Angora blanc

Durant les années 1950 et 1960, l'Amérique du Nord, la Grande-Bretagne et la Suède ont importé des chats de Turquie pour mettre en place des programmes de reproduction destinés à développer la race Angora. Aux États-Unis, l'Angora turc a été reconnu et autorisé à concourir par certaines associations au début des années 1970, mais jusqu'en 1978 la CFA a accepté uniquement l'Angora blanc, qui demeure aujourd'hui la variété la plus largement reconnue. Toutefois, un large éventail de couleurs a fini par être autorisé.

Couleur : robe d'un blanc pur, sans aucune autre couleur ; truffe et coussinets roses. Une trace de couleur est autorisée chez les chatons.

Morphologie : élégante, svelte et gracieuse, avec une tête allongée cunéiforme et de grandes oreilles pointues.
Caractère : éveillé, intelligent et d'agréable compagnie.

L'Angora blanc aux yeux vairons

Comme chez d'autres chats blancs, une proportion importante d'Angoras blancs sont sourds. Ce handicap peut être dangereux, en particulier pour des propriétaires habitant près d'une route fréquentée. La surdité est généralement limitée à l'oreille située du côté de l'œil bleu.

Couleur : identique à celle de l'Angora blanc. Les grands yeux en amande légèrement obliques sont l'un bleu l'autre vert.

Morphologie : élégante et svelte ; tête allongée cunéiforme et grandes oreilles pointues.
Caractère : éveillé, intelligent et de compagnie agréable.

Le Birman ou Chat sacré de Birmanie

Le Birman point bleu

Le Birman n'a aucun lien de parenté avec le Burmese malgré leurs noms assez proches. C'est une race à part entière qui, en dépit de sa ressemblance superficielle avec le Persan colourpoint, possède des « gants » blancs. Sa fourrure est soyeuse, plus proche de celle de l'Angora turc que du Persan colourpoint, et sa morphologie est plus allongée et moins massive que celle du Persan.

Les « gants » des pattes antérieures sont appelés « crispins ». Ils couvrent la totalité des extrémités des pattes et se terminent en pointe juste en dessous du jarret sur la face postérieure du membre.

Couleur : le corps est d'un blanc bleuté froid, s'éclaircissant pour devenir blanc presque pur sur l'estomac et la poitrine. Les points sont bleu foncé excepté les gants qui sont d'un blanc pur. La truffe est ardoise et les coussinets sont roses. Les yeux doivent être bleus, mais la préférence va à un bleu sombre et violacé.

Morphologie : de taille moyenne, longue et élégante, avec une tête ronde et joufflue.

Caractère : intelligent, affectueux et d'humeur égale, moins placide que le Persan.

Le Birman point chocolat

La fourrure du Birman est plus soyeuse et moins dense que celle du Persan. Elle est plus facile à entretenir par un brossage, un démêlage et un coiffage réguliers. Les gants et les crispins doivent être lavés régulièrement, séchés soigneusement et saupoudrés d'une poudre blanche spéciale avec laquelle on les frotte. Ils sont ensuite brossés minutieusement pour obtenir un blanc éclatant.

Couleur : le corps est ivoire. Les points sont d'une chaude couleur chocolat au lait, excepté les gants, d'un blanc pur. La truffe est cannelle et les coussinets sont roses. Les yeux doivent être bleus, mais la préférence va à un bleu sombre et violacé.

Morphologie : de taille moyenne, longue et élégante, avec une tête ronde et joufflue.

Caractère : intelligent, affectueux et d'humeur égale, moins placide que le Persan.

Le Birman point crème

Le Chat sacré de Birmanie est plus calme et plus placide que le Siamois, mais aussi moins sérieux, moins paisible et à l'air moins solennel que le Persan.
C'est un chat curieux et affectueux, à l'apparence plutôt distante, donnant l'impression qu'il est pleinement conscient de ses origines mystiques.

Couleur : la robe du corps est blanc crémeux. Les points, hormis les gants, sont crème clair. La truffe et les coussinets sont roses. Les yeux sont bleus.
Morphologie : de taille moyenne, élancée et élégante, avec une tête ronde et joufflue.
Caractère : intelligent, affectueux et d'humeur égale.

Le Birman point lilas

Les femelles peuvent être en chaleur dès l'âge de sept mois. Les chattes font d'excellentes mères, aux petits soins pour leurs chatons, et les mâles qui servent d'étalons sont souvent réputés pour leur tempérament très tendre et affectueux.

Couleur : le corps est d'un ton froid tirant sur le blanc, sans ombre. Les points sont gris rosé et les gants d'un blanc pur. La truffe est rose-mauve tirant sur le lavande et les coussinets sont roses. Les yeux sont d'un bleu violacé profond.
Morphologie : de taille moyenne, longue et élégante, avec une tête ronde et joufflue.
Caractère : intelligent, affectueux et d'humeur égale, moins placide que le Persan.

Le Birman seal point

Une portée se compose de trois
à cinq chatons qui naissent tout blancs.
Après quelques jours, la couleur
des points commence à se développer
sur les oreilles et la queue. Les yeux,
lorsqu'ils s'ouvrent entre sept
et dix jours, sont d'un bleu bébé encore
trouble qui devient véritablement bleu
lorsque les chatons grandissent.

Couleur : le corps est d'une couleur faon
ou crème clair chaude et unie, s'éclaircissant sur
l'estomac et la poitrine. Les points sont marron
foncé, excepté les gants, d'un blanc pur.
La truffe doit être assortie aux points.
Les coussinets sont roses. Les yeux sont bleus,
la préférence allant à un bleu profond et violacé.
Morphologie : de taille moyenne, élancée
et élégante, avec une tête ronde et joufflue.
Caractère : intelligent, affectueux
et d'humeur égale, moins placide que le Persan.

Le Birman tabby seal point

Bien que les puristes prétendent
que seuls les Birmans seal point et point
bleu peuvent être considérés comme
les véritables Chats sacrés de Birmanie,
la CFA reconnaît également les variétés
point chocolat et point lilas, et la Fifé
a établi des standards pour les variétés
tabby et rousses.

Parmi les marques tabby à points
figurent le tabby seal point (ci-dessous),
ainsi que les tabby point bleu, point
chocolat, point lilas, point roux
ou point crème.

Couleur : le corps est beige avec des points
tabby brun foncé, excepté pour les gants
qui restent blancs. La truffe est rouge brique,
rose ou marron foncé et les coussinets
sont roses.

Morphologie : de taille moyenne, longue
et élégante, avec une tête ronde et joufflue.

Caractère : intelligent, affectueux et
d'humeur égale, moins placide que le Persan.

Le Birman seal point écaille de tortue

Avec leur fourrure longue et soyeuse et leur collerette autour du cou, les variétés à points écaille de tortue incluent le seal point écaille de tortue (ci-dessus), ainsi que les Birmans point bleu écaille, point lilas écaille et point chocolat écaille. Il existe également les mêmes couleurs chez les variétés tabby écaille de tortue. Excellents animaux de compagnie dont la fourrure est plus facile à entretenir que celle des Persans.

Couleur : le corps est beige à faon. Les points, excepté les gants, sont marron foncé, tachetés ou mélangés de roux et/ou de roux clair. Les gants sont blancs. La truffe est rose et/ou brune.

Morphologie : de taille moyenne, longue et élégante, avec une tête ronde et joufflue.

Caractère : intelligent, curieux, affectueux et d'humeur égale, moins placide que le Persan.

Le Cymric ou Cimrique

À la fin des années 1960, des éleveurs de Manx (Chats de l'île de Man) aux États-Unis ont été surpris de découvrir que certains chatons à poil long apparaissaient de temps en temps dans des portées de Manx normales. Bien qu'il n'y ait pas eu de chats à poil long dans cette race, il est possible que le gène récessif à l'origine du poil long ait été hérité de certains des chats à poil court et sans queue utilisés pour les croisements au cours des générations précédentes.

Il a été décidé que la variété pouvait être développée séparément, comme une race à part entière et très séduisante. Lorsqu'il fallut lui choisir un nom, certaines associations ont opté pour Manx à poil long, tandis que d'autres ont préféré Cymric (prononcer koom-rik), mot gallois qui signifie « Gallois ». La race est reconnue par certaines associations et, excepté la robe, doit correspondre au standard du Manx pour les expositions. La fourrure est de longueur moyenne, douce et le sous-poil abondant, ce qui donne un aspect « rembourré » et massif au corps.

Couleur : le Cymric peut avoir des couleurs et des marques identiques à celles du Manx.
Morphologie : absence de queue. Les pattes postérieures sont plus hautes que les antérieures.
Caractère : gentil et intelligent, au miaulement doux.

Le Maine Coon

L'une des races naturelles les plus anciennes d'Amérique du Nord, le Maine Coon ou chat du Maine, est fixée depuis plus d'un siècle. Comme son nom l'indique, le Maine Coon est originaire de l'État du Maine. On pensait, à une époque, que ce chat était le fruit des amours entre un chat à demi-sauvage et un raton laveur, d'où le nom « coon », ce qui est aujourd'hui jugé biologiquement impossible.

Le Maine Coon tigré brun et blanc reste le plus populaire, mais la race voit toutes ses couleurs reconnues et n'importe quelle proportion de blanc est autorisée. Les marques tabby tigrées et marbrées sont acceptées dans n'importe laquelle des couleurs suivantes : brun, bleu, caméo, roux, argent et écaille de tortue.

Couleur : le tabby brun possède une robe dont la couleur de base est brun cuivré ou brun doré brillant avec des marques d'un noir profond. Le tabby brun tigré représenté ici possède des marques qui forment d'étroites bandes striées parallèles. La face postérieure des membres, de la patte au talon, est noire. Le blanc est permis autour des lèvres et du menton. La truffe et les coussinets sont noirs ou bruns. Les grands yeux ovales sont légèrement obliques. Même si toutes les couleurs d'yeux sont permises, les plus brillantes sont les plus recherchées.

Morphologie : de grande taille et robuste, avec des membres longs et une tête allongée au museau carré.

Caractère : doux, affectueux et joueur.

Le Maine Coon calico dilué

Les Maine Coons typiques sont des chats sociables, très joueurs et très amusants, et ils apprennent souvent des tours par eux-mêmes. Ils mettent trois à quatre ans avant d'atteindre leur taille définitive, et leur maturité sexuelle est relativement tardive. Bien que leur fourrure soit longue et flottante, elle s'emmêle rarement et son entretien est facile – un coup de peigne de temps en temps.

Couleur : le Maine Coon calico dilué est également appelé Maine Coon bleu, crème et blanc. Le « bavoir », le ventre et les pattes sont blancs. Du blanc sur un tiers du corps est souhaitable.

Morphologie : de grande taille et robuste, avec des membres longs, une tête allongée et un museau carré.

Caractère : doux, affectueux et joueur ; malgré sa taille, gentil et amusant.

Le Maine Coon roux ombré

Toute couleur unie ou écaille de tortue est acceptée dans les variétés fumées et ombrées. Le sous-poil doit être aussi blanc que possible et le poil roux sur une bonne partie de sa longueur, d'un roux plus sombre sur la tête, le dos et les pattes. Le Maine Coon fumé est très coloré, tandis que l'ombré montre davantage son sous-poil blanc.

Outre le Maine Coon roux ombré, le Maine Coon argenté ombré est accepté. Parmi les variétés fumées figurent le noir, le bleu, le crème et le roux.

Couleur : le sous-poil est blanc et le tipping du poil est roux, d'un roux plus foncé sur les flancs, la face et la queue. La colonne vertébrale est très sombre, tandis que le menton, l'estomac et le dessous de la queue sont très clairs, presque blancs. Les membres sont du même ton que la face. La truffe et les coussinets sont roses.

Morphologie : de grande taille et robuste, avec des membres longs et une tête allongée au museau carré.

Caractère : doux, affectueux et joueur ; malgré sa taille, gentil et amusant.

Le Maine Coon écaille de tortue

Le standard des couleurs unies exige une robe totalement unicolore, sans ombres, marques ni poils de couleur différente. Toutes les couleurs et toutes les marques de robe sont acceptées chez cette race, à l'exception des marques à points chocolat, lilas et seal. Les yeux cuivre, verts ou dorés sont autorisés chez toutes les variétés, les yeux bleus et vairons étant permis chez le Maine Coon blanc. La couleur est toutefois une caractéristique relativement insignifiante de la race, car c'est surtout le type de robe qui importe.

La fourrure doit être imperméable à l'eau, dense, épaisse et lourde, plus abondante autour du cou où elle forme une collerette particulière (bavoir). Autre signe particulier : la queue doit être au moins aussi longue que le corps – mesuré de l'omoplate à la base de la queue. De plus, elle doit être large à sa base et s'effiler vers la pointe avec une fourrure abondante et flottante.

Couleur : la couleur de base est noire avec des taches unies rousses et roux clair clairement définies sur le corps et les extrémités. Une flamme rousse ou roux clair sur la face est souhaitable.

Morphologie : de grande taille et robuste, avec des membres longs et une tête allongée au museau carré.

Caractère : doux, affectueux et joueur ; malgré sa taille, gentil et amusant.

Le Chat des forêts norvégien ou Skogatt

Connu sous le nom de *Norsk Skaukatt* dans son pays d'origine, la Norvège, le Chat des forêts norvégien ressemble au Maine Coon à bien des égards. C'est une race scandinave dont les origines sont entourées de mystère et qui figure dans les mythes scandinaves et les contes de fées du milieu du XIXe siècle.

Ayant évolué naturellement sous le climat froid de la Norvège, le Chat des forêts norvégien possède une fourrure lourde, résistante aux intempéries. Le poil de jarre brillant, gras, de longueur moyenne, protège l'animal de la pluie et de la neige, tandis que son sous-poil laineux le préserve du froid. Ses membres, ses pieds et ses griffes d'une bonne longueur en font un très bon grimpeur – aux arbres et aux rochers. Il est très intelligent, vif et c'est un excellent chasseur.

Couleur : toutes les couleurs sont acceptées hormis le chocolat, la cannelle, le lilas et le faon. Les marques à points et sépia ne sont pas autorisées. Il n'existe aucune relation entre la couleur de la robe et celle des yeux, mais des yeux de couleur claire sont souhaitables.

Morphologie : de grande taille, solide, bien charpentée, à la face triangulaire et à la queue longue et touffue.

Caractère : vivant, gentil mais indépendant ; il lui faut un jardin.

Le Chat des forêts norvégien noir fumé

Développé à partir du chat domestique indigène, le Chat des forêts norvégien existe dans une grande variété de couleurs et de dessins de robe. Il n'existe aucune relation entre la couleur de la robe et celle des yeux, comme cela est exigé pour la plupart des chats à pedigree.

La longue fourrure de cette race est particulièrement séduisante dans les couleurs fumées, ombrées, tipped et caméo qui s'accompagnent d'un sous-poil blanc argenté. Outre le noir fumé représenté ici, il existe des bleus fumés et des roux fumés. D'autres sortes de couleurs incluent le chinchilla, l'argenté ombré, le chinchilla roux et le roux ombré.

Couleur : le sous-poil est blanc avec un tipping noir du poil prononcé. En mouvement le sous-poil blanc devient visible. Les points et le masque sont noirs avec une étroite bande de blanc à la base des poils près de la peau. La collerette et les plumets d'oreille sont blanc argenté, la truffe et les coussinets noirs.

Morphologie : de grande taille, solide et bien charpentée, avec une face triangulaire et une longue queue touffue.

Caractère : vivant, gentil mais indépendant ; il lui faut un jardin.

Le Chat des forêts norvégien tabby brun

Les quatre marques tabby sont acceptées pour ce chat, ainsi qu'un large spectre de couleurs excepté chocolat, cannelle, faon et lilas. Toutes les proportions de blanc sont également autorisées.

Ce magnifique tabby brun porte des marbrures nettement visibles sur la fourrure douce à poil mi-long.

Couleur : la couleur de base de la robe est d'un brun cuivré brillant avec des marques d'un noir dense. La face postérieure des membres, de la patte au talon, est noire. Le blanc est autorisé autour des lèvres et du menton. La truffe et les coussinets sont noirs ou bruns.

Morphologie : de grande taille, solide, bien charpentée, avec une face triangulaire et une longue queue touffue.

Caractère : éveillé, gentil mais indépendant ; il lui faut un jardin.

Le Chat des forêts norvégien roux et blanc

Même si ses caractéristiques sont très proches de celles du Maine Coon du nord-est des États-Unis, le Chat des forêts norvégien est une race totalement différente. La ressemblance tient probablement davantage au mode de vie sauvage et rude des ancêtres de ces deux races qu'à une lignée commune.

Bien que la proportion de blanc ne soit pas spécifiée, ce chat sera jugé d'autant plus beau que ses pattes sont toutes les quatre blanches, comme ici.

Couleur : chez les chats bicolores et tricolores, une couleur unie s'associe au blanc. La couleur, noire, bleue, rousse ou crème, doit prédominer, les blancs se limitant à la face, à la poitrine, au ventre, aux membres et aux pattes.

Morphologie : de grande taille, solide et bien charpentée, avec une face triangulaire et une longue queue touffue.

Caractère : vivant, gentil mais indépendant ; il lui faut un jardin.

Le Chat des forêts norvégien écaille de tortue

Fort et robuste, le Chat des forêts norvégien peut être très joueur tout en restant farouchement indépendant, caractère qu'il a hérité de ses ancêtres à moitié sauvages. Il apprécie la compagnie de l'homme et peut se montrer très affectueux, mais il n'aime pas être trop dorloté.

La robe, d'un entretien facile, doit être peignée périodiquement pour maintenir le sous-poil, la queue très fournie et la collerette abondante en bonne santé.

Couleur : la robe est noire avec des taches rousses ou roux clair unies, bien définies sur le corps et les extrémités. Une flamme rousse sur la face est souhaitable.

Morphologie : de grande taille, solide et bien charpentée, avec une face triangulaire et une longue queue fournie.

Caractère : vivant, gentil mais indépendant ; il lui faut un jardin.

Le Chat des forêts norvégien blanc

Le Chat des forêts norvégien idéal diffère du Maine Coon par ses pattes postérieures plus hautes que les antérieures et un standard qui exige une double fourrure, ce qui est permis mais non souhaitable chez le Maine Coon.

Le Chat des forêts norvégien sera pénalisé si sa taille est trop petite, sa constitution trop fine, sa tête ronde ou carrée, ses oreilles trop petites, ses membres trop courts ou sa queue trop courte. Les oreilles doivent avoir une base large avec une sorte de plumet semblable à celui du lynx à leur extrémité. Leur implantation doit être très haute.

Couleur : la robe unie ne doit comporter aucune marque, ombre ni autre couleur que la principale. La fourrure doit être d'un blanc pur et brillant. La truffe et les coussinets sont roses.

Morphologie : de grande taille, solide et bien charpentée, avec une face triangulaire et une longue queue touffue.

Caractère : vivant, gentil mais indépendant ; il lui faut un jardin.

Le Ragdoll

Le Ragdoll est originaire de Californie et reste rare en dehors des États-Unis. Les premiers Ragdolls ont été obtenus par une Américaine, Ann Baker, qui possédait une Persane blanche, Joséphine. Joséphine fut gravement blessée lors d'un accident de voiture. Lorsqu'elle eut enfin des chatons, ces derniers avaient un tempérament particulièrement placide et leur corps était totalement relâché lorsqu'on les prenait pour les câliner, d'où le nom « ragdoll » qui signifie « poupée de chiffon ».

Le poil est mi-long, dense, doux, soyeux, près du corps, mais s'écarte quand le chat bouge. C'est autour du cou que la fourrure est la plus longue, encadrant la face. Elle est courte à mi-longue sur les membres antérieurs, mais plus longue sur le corps. La queue est touffue.

Couleur : le Ragdoll seal bicolore (ci-dessous) possède un corps crème ou faon clair avec des points brun foncé.

Morphologie : longue, musclée, avec une poitrine large, des membres trapus, une tête assez importante et un crâne aplati.

Caractère : calme, affectueux et facile à vivre ; généralement peu exigant.

Le Ragdoll bicolore

Le Ragdoll est un chat très affectueux, tendre et détendu. Bien qu'il soit généralement calme et placide, avec un miaulement doux, il aime jouer et être choyé. Sa fourrure épaisse ne s'emmêle pas et s'avère donc assez facile à toiletter : le corps doit être régulièrement brossé avec douceur et les poils plus longs de la queue et de la collerette peignés avec soin.

Le corps du Ragdoll bicolore est de couleur claire. Les points – oreilles, masque et queue – doivent être nettement définis. Le masque porte un « V » blanc renversé, l'estomac est blanc et les membres sont blancs de préférence. Le blanc n'est toutefois pas autorisé sur les oreilles ni sur la queue.

Couleur : le Ragdoll seal bicolore (ci-dessous) a une robe ivoire avec des points chocolat au lait.

Morphologie : longue, musclée, avec une poitrine large, des membres bien charpentés et une tête importante au crâne aplati.

Caractère : calme, affectueux et facile à vivre ; généralement peu exigeant.

Le Ragdoll colourpoint

Les Ragdolls semblent avoir une très bonne tolérance à la douleur au point de ne pas s'apercevoir de leurs blessures. Ils possèdent également un tempérament très doux. Ces chats acceptent donc facilement de vivre en appartement, et paraissent même très satisfaits de ces conditions de vie.

Outre le Ragdoll seal point représenté ici, il existe des Ragdolls à points chocolat, à points lilas et à points bleus. Quelle que soit la variété, le corps doit être de couleur claire. De légères ombres sont acceptées. Les points doivent être nettement délimités, d'une même couleur et en harmonie avec la couleur générale du corps. Même dans la variété lilas, un contraste important entre le corps et les points est exigé. La fourrure doit être dense, soyeuse et mi-longue. Aucun poil blanc n'est autorisé.

Couleur : le Ragdoll seal point possède un corps crème ou faon clair avec des points brun foncé.

Morphologie : longue, musclée, avec une poitrine large, des membres bien charpentés et une tête importante au crâne aplati.

Caractère : calme, affectueux et facile à vivre ; généralement peu exigeant.

Le Ragdoll bleu à gants blancs

Le corps est de couleur claire, avec de légères ombres. Les points (sauf pattes et menton) doivent être clairement définis, d'une même couleur. Le menton doit être blanc et une tache blanche sur le nez est préférable. Les gants blancs sur les membres antérieurs jusqu'aux genous et sur les membres postérieurs jusqu'aux jarrets doivent être blancs. Une bande blanche s'étend du « bavoir » jusqu'à la queue en passant enre les membres antérieurs.

Couleur : la robe du corps est d'un blanc bleuté froid. Les points sont bleus, excepté les zones blanches.

Morphologie : longue et musclée, avec une poitrine large, des membres bien charpentés et une tête importante au crâne aplati.

Caractère : calme, affectueux et facile à vivre ; généralement peu exigeant.

Le Ragdoll seal à gants blancs

Caractère : calme, affectueux et facile à vivre ; généralement peu exigeant.

Les Ragdolls à gants blancs peuvent avoir une étroite tache blanche sur la face en plus du blanc du menton, de la poitrine, du bavoir, du ventre et, bien sûr, des quatre pattes. Outre les Ragdolls bleus et seal à gants blancs, il existe des Ragdolls chocolat et lilas à gants blancs.

Couleur : la robe du corps est crème ou faon clair, les points sont brun foncé excepté les zones blanches.

Morphologie : longue et musclée, avec une poitrine large, des membres bien charpentés et une tête importante au crâne aplati.

Le Chat turc du lac de Van

Ce chat, appelé Chat turc en Grande-Bretagne et Chat turc du lac de Van en Europe et aux États-Unis, a été introduit pour la première fois en Grande-Bretagne en 1955 par Laura Lushington. S'étant rendue aux abords du lac de Van, en Turquie, elle fut enchantée par les chats qui s'y promenaient et finit par acheter son premier couple. Les Chats turcs du lac de Van ont également été introduits directement aux États-Unis (mais sans provenir de Turquie) où ils sont aujourd'hui reconnus par certaines associations.

Les premiers chats importés de Turquie avaient tendance à être légèrement nerveux au contact de l'homme, mais les Chats turcs du lac de Van actuels sont généralement affectueux. Forts et robustes, ils aiment l'eau, nageant volontiers s'ils en ont l'occasion et acceptant d'être baignés avant une exposition.

La fourrure soyeuse n'a pas de sous-poil laineux, ce qui facilite le toilettage.

Couleur : la robe est essentiellement blanche, avec des marques auburn ou crème et une tache blanche sur la face. La queue est auburn ou crème également. Les yeux sont ambre, bleus ou vairons.

Morphologie : de taille moyenne, plutôt robuste, avec une tête en forme de coin court.

Caractère : affectueux, intelligent et sociable.

LES RACES À POIL COURT

L'American Shorthair ou Américain à poil court

Au début du XXᵉ siècle, un éleveur britannique donna un mâle à pedigree, un British Shorthair tabby roux, à un ami vivant aux États-Unis pour le croiser avec des American Shorthairs. Ce chat fut le premier chat à pedigree à apparaître dans les registres de la CFA. D'autres British Shorthairs suivirent, dont un mâle tabby argenté, et le registre s'étoffa avec des inscriptions de chats « du pays », ainsi que de chats importés. Au départ, la race fut appelée Shorthair (à poil court), puis Domestic Shorthair (domestique à poil court), et enfin American Shorthair (Américain à poil court) – son nom définitif.

Afin de renforcer son statut de race américaine, les organismes d'enregistrement acceptèrent l'inscription de chats et de chatons sans pedigree conformes au standard et, en 1971, l'un de ces chats remporta le prix du meilleur American Shorthair de l'année décerné par la CFA. Malgré l'influence des importations de British Shorthair sur les programmes de reproduction, l'American Shorthair a conservé ses propres caractéristiques.

Couleur : la quasi-totalité des couleurs et des dessins de robe est acceptée. La variété la mieux connue et le plus populaire est sans nul doute le tabby argenté, mais les marques marbrées, tiquetées et tachetées sont également très appréciées.

Morphologie : de taille moyenne à grande et assez musclée ; la tête est plus allongée, les membres sont plus longs et les oreilles plus grandes que le British Shorthair.

Caractère : facile à vivre, affectueux et sociable ; bon chasseur.

110

L'American Shorthair tabby

L'American Shorthair tabby bleu

D'humeur égale dans toutes
les circonstances, l'American Shorthair
est l'animal de compagnie idéal.
Intelligent et facile à vivre, il s'entend
bien avec les chats d'autres races
et les chiens.

Sa fourrure courte et épaisse est facile
à entretenir. On peut la peigner pour
la lisser et la caresser avec la main ou un
foulard de soie pour la lustrer. Les yeux
et les oreilles sont rapidement nettoyés
avec un coton. Un grattoir permet
à ce chat d'appartement de faire
ses griffes.

Couleur : la couleur de base de la robe du
tabby bleu, dont celle des babines et du menton,
est ivoire bleuté clair, avec des marques bleu
foncé. L'ensemble de la fourrure porte quelques
accents faon chaud. La truffe est vieux rose,
les coussinets sont roses. Les yeux sont dorés.

Morphologie : de taille moyenne à grande
et assez musclée ; la tête est plus allongée,
les membres sont plus longs et les oreilles
plus grandes que le British Shorthair.

Caractère : facile à vivre, affectueux
et sociable ; bon chasseur.

L'American Shorthair tabby tigré

Chez le tabby tigré, les marques doivent être denses et clairement définies. Elles doivent ressembler à des traits de crayon formant d'étroites lignes parallèles. Les membres doivent être barrés avec d'étroits bracelets et la queue, être annelée. Autour du cou, le chat porte plusieurs colliers différents. La tête porte également des marques, dont un « M » sur le front et des lignes continues qui partent de l'angle externe des yeux. Les stries sont encore plus nombreuses sur et derrière la tête où elles rejoignent les marques des épaules. Le long de l'épine dorsale, les stries sont rassemblées, formant une selle sombre, et des lignes plus fines descendent de la colonne le long des flancs.

Couleur : les marques du corps prennent la forme de bandes étroites, parallèles, définies, descendant de la colonne vers les flancs, et les membres comportent d'étroits bracelets.

Morphologie : de taille moyenne à grande et assez musclée ; la tête est plus allongée, les membres sont plus longs et les oreilles plus grandes que le British Shorthair.

Caractère : facile à vivre, affectueux et sociable ; bon chasseur.

L'American Shorthair tabby argenté

Les marques doivent être denses et bien définies, les membres barrés avec des bracelets et la queue régulièrement annelée. Le chat doit avoir plusieurs colliers continus autour du cou et de la poitrine. Sur la tête, des marques noires forment la lettre « M » et une ligne continue part du bord extérieur de chaque œil. On observe des marques en volutes sur les joues et des lignes verticales partant de l'arrière de la tête pour rejoindre les marques des épaules qui ressemblent à un papillon. La colonne porte une longue bande noire et sur les flancs alternent bandes noires et bandes argentées – l'argenté étant la couleur de base de la robe. Une grande tache noire de chaque côté du corps doit être entourée d'un ou de plusieurs anneaux concentriques. Les marques des deux flancs doivent être identiques. Une double rangée de « boutons de gilet » doit descendre le long de la poitrine et sous l'estomac.

Couleur : la couleur de base, dont celle des babines et du menton, est argent clair avec des marques denses noires. La truffe est rouge brique, les coussinets sont noirs. Les yeux sont verts ou noisette.

Morphologie : de taille moyenne à grande et assez musclée ; la tête est plus allongée, les membres sont plus longs et les oreilles plus grandes que le British Shorthair.

Caractère : facile à vivre, affectueux et sociable ; bon chasseur.

L'American Shorthair écaille de tortue

L'American Shorthair écaille bleu

Dans les expositions, ces chats peuvent être pénalisés par une conformation exagérément trapue ou trop élancée, ainsi que par une obésité ou une maigreur extrême. La queue ne doit pas être trop courte, mais large à la base et elle doit s'effiler progressivement.

Couleur : la couleur de base de la robe, dont celle des babines et du menton, est ivoire bleuté clair avec des marbrures ou des tigrures d'un bleu très foncé et des taches crème clairement définies à la fois sur le corps et les extrémités. Une flamme crème sur la face est souhaitable.

Des accents faon chaud sont répartis sur tout le corps. Les yeux sont dorés ou noisette.

Morphologie : de taille moyenne à grande et assez musclée ; la tête est plus allongée, les membres sont plus longs et les oreilles plus grandes que le British Shorthair.

Caractère : facile à vivre, affectueux et sociable ; bon chasseur.

L'American Shorthair écaille brun

Cette variété possède une fourrure épaisse et dense, une constitution solide et robuste. C'est un chat affectueux avec son maître et toute la famille, mais audacieux et curieux, qui a besoin de se promener en toute liberté.

Couleur : la couleur de base de la fourrure est brun doré ou brun cuivré avec des marques marbrées ou tigrées d'un noir profond et des taches rousses et/ou roux clair clairement définies. Une flamme rousse ou roux clair sur la face est souhaitable. Les babines et le menton doivent être du même ton que le contour des yeux. Les yeux sont dorés.

Morphologie : de taille moyenne à grande et assez musclée ; la tête est plus allongée, les membres sont plus longs et les oreilles plus grandes que le British Shorthair.

Caractère : facile à vivre, affectueux et sociable ; bon chasseur.

L'American Wirehair ou Américain à poil dur

Le premier chat à poil dur était un mâle roux et blanc nommé Adam. Il fut croisé avec sa compagne de portée, une chatte à poil normal, puis avec d'autres chats à poil court ; sa progéniture marqua l'avènement d'une nouvelle race. Tous les American Wirehairs descendent d'Adam et le pool génétique a été bien sélectionné au fil des ans pour garantir la viabilité et l'amélioration de la race.

Les propriétaires de ces chats disent qu'ils dirigent le foyer et les chats d'autres races d'une « patte de fer », mais qu'ils font des parents dévoués. La fourrure inhabituellement rêche est facile à garder en bonne santé avec une alimentation équilibrée. Ces chats ont besoin de peu de toilettage.

Couleur : toutes les couleurs et marques de robe sont acceptées.

Morphologie : de taille moyenne et bien musclée, avec une tête ronde, un museau bien développé et de grands yeux ronds.

Caractère : affectueux, curieux et joueur, mais très indépendant.

Le British Shorthair

La race descend probablement des chats domestiques introduits dans les îles Britanniques par les colonisateurs romains il y a quelque 2 000 ans. Toutefois, les British Shorthairs à pedigree actuels doivent se conformer à un standard rigoureux et diffèrent beaucoup du chat domestique ou de ferme sans pedigree.

Ces chats étaient très nombreux lors des premières expositions félines de la fin du XIXᵉ siècle, puis ils ont perdu de leur popularité au profit des Persans et des Angoras, spécialement importés pour les expositions.

Ce n'est que dans les années 1930 que la race a connu un regain de faveur, et une reproduction sélective a produit des chats de qualité et d'une grande variété de couleurs. Au départ, les couleurs unies étaient préférées aux variétés à dessins, la plus prisée de toutes étant la couleur bleu-gris. Le British Shorthair bleu est d'ailleurs parfois considéré comme une race à lui seul.

Les British Shorthairs ont vécu une période difficile durant la Seconde Guerre mondiale lorsque de nombreux propriétaires ont dû cesser l'élevage de chatons à pedigree et châtré leurs chats. Après la guerre, il restait très peu d'étalons de cette race, et le type du British Shorthair a pâti des croisements effectués avec des chats à poil court de race orientale. La situation s'est redressée au début des années 1950.

Couleur : toutes les couleurs de fourrure et toutes les marques de robe sont acceptées. Le plus populaire des British Shorthairs est le bleu uni (représenté ici), mais les variétés tabby et écaille de tortue sont également très appréciées. **Morphologie :** de grande taille et assez musclée ; la tête est très large, les membres sont courts, voire de longueur moyenne, et les oreilles très écartées. **Caractère :** doux et conciliant, généralement calme et affectueux.

Le British Shorthair unicolore

Le British Shorthair noir

Souvent considéré comme le British
« 100 % british », le British noir est
seulement l'une des nombreuses variétés
de couleurs et de marques offertes
par cette race. On pense que les premiers
chats à poil court ont été introduits
en Grande-Bretagne par les envahisseurs
romains et que le British Shorthair
descend de ces chats.

Bien que sa fourrure soit courte,
elle est dense et doit être
quotidiennement brossée et peignée
jusqu'à la racine du poil. Il est
particulièrement important d'habituer
les chatons dès leur plus jeune âge
à ce rituel journalier pour qu'ils ne
le refusent pas plus tard. Les yeux
et les oreilles doivent être doucement
nettoyés avec un coton si nécessaire
et la fourrure doit être lustrée avec
un gant de toilettage ou
un foulard de soie.

Couleur : l'une des plus anciennes variétés
connues ; il présente souvent le défaut d'avoir
un médaillon (tache blanche sur la poitrine).
Chez le chat d'exposition, aucun poil blanc n'est
toléré. Il doit posséder une robe brillante,
noir de jais de la racine à l'extrémité du poil,
dépourvue de teinte rouille. La truffe est noire,
les coussinets sont noirs ou bruns. Les yeux
sont dorés, orange ou cuivre sans trace de vert.

Morphologie : solide et trapue, à l'aspect
assez massif ; la tête est large et ronde avec
de petites oreilles bien dessinées.

Caractère : doux, calme et affectueux ;
excellent animal de compagnie, généralement
peu exigeant.

Le British Shorthair bleu

Le British bleu est l'une des variétés les plus populaires et les plus anciennes de cette race. Il est de nature douce et affectueuse et constitue un agréable animal de compagnie, peu exigeant envers son maître.

Couleur : la fourrure doit être unicolore, bleu clair à moyennement soutenu, les tons clairs étant préférés. Aucune marque tabby ni blanche n'est autorisée. La truffe et les coussinets sont bleus. Les yeux sont dorés, orange ou cuivre.

Morphologie : solide et trapue, d'aspect assez massif ; la tête est large et ronde avec de petites oreilles bien formées.

Caractère : facile à vivre, calme et affectueux ; c'est un excellent animal de compagnie.

Le British Shorthair chocolat

Voilà une couleur relativement nouvelle chez cette race. Comme le British Shorthair lilas, le British chocolat est issu du programme de reproduction des races à points. Ces chats sont souvent utilisés pour les croisements avec des colourpoint car ils portent souvent le gène de restriction des couleurs.

Couleur : le poil court, pelucheux, doit être brun uni, riche et foncé, sans ombres ni marques. Les yeux sont jaunes, orange ou cuivre.

Morphologie : solide et trapue, d'aspect massif ; la tête est large et ronde avec de petites oreilles bien dessinées.

Caractère : facile à vivre, calme et affectueux, c'est un excellent animal de compagnie, généralement peu exigeant.

Le British Shorthair crème

Le British crème est l'une des couleurs les plus difficiles à obtenir. Les premiers crème étaient sujets à des marques tabby indésirables, mais la sélection a permis de réduire considérablement ce défaut qui est plus visible l'été lorsque la fourrure est plus courte.

Couleur : le British crème ne doit pas porter de marques tabby sur sa robe crème ni de marques blanches, et la couleur crème doit être identique de la racine à la pointe du poil. La truffe et les coussinets sont roses, les yeux dorés, orange ou cuivre.

Morphologie : solide et trapue, d'aspect assez massif ; la tête est large et ronde avec de petites oreilles bien formées.

Caractère : facile à vivre, calme et affectueux, c'est un excellent animal de compagnie, généralement peu exigeant.

Le British Shorthair lilas

Le British lilas, l'une des variétés les plus récentes obtenue grâce à des croisements entre couleurs occidentales et couleurs orientales (British Shorthair croisés avec des races orientales à points), possède une belle robe gris rosé. Généralement calme et intelligent, il réagit très vite aux marques d'affection de son maître.

Couleur : la fourrure courte et pelucheuse est d'un gris uni à teinte rosée. Les yeux sont orange ou cuivre.

Morphologie : solide et trapue, d'aspect massif ; la tête est large et ronde avec de petites oreilles bien dessinées.

Caractère : facile à vivre, calme et affectueux, c'est un excellent animal de compagnie, généralement peu exigeant.

Le British Shorthair blanc

Comme le Persan blanc, le British Shorthair blanc existe dans trois variétés différentes – aux yeux orange, aux yeux bleus (ci-dessous) et aux yeux vairons –, chacune ayant ses propres caractéristiques. Les adultes possèdent une robe d'un blanc pur et brillant, mais les chatons peuvent porter des marques légèrement colorées sur la tête, ce qui est une indication utile sur leur génotype. Un chaton blanc à potentiel génétique bleu, par exemple, peut porter des marques bleu pâle, tandis qu'un chaton blanc à potentiel génétique noir peut offrir des marques noires – c'est l'une des rares races à montrer parfois ses gènes sur son front.

Comme chez tous les British Shorthairs, la longueur de la queue doit être proportionnée à celle du corps ; la queue est large à la base et s'effile progressivement vers la pointe, arrondie.

Couleur : le véritable British blanc est l'un des British Shorthairs les plus magnifiques. La robe doit être d'un blanc pur, sans teinte jaune. La truffe et les coussinets sont roses. Le British blanc aux yeux bleus a des yeux d'un bleu saphir profond et il est pénalisé lors des expositions si des traces de vert sont visibles. Le British blanc aux yeux orange a des yeux orange foncé, dorés ou cuivre. Quant au British blanc aux yeux vairons, il a un œil orange et l'autre bleu.

Morphologie : solide et trapue, d'aspect massif ; la tête est large et ronde avec de petites oreilles bien formées.

Caractère : facile à vivre, calme et affectueux, c'est un excellent animal domestique, généralement peu exigeant.

Le British Shorthair
à couleurs mélangées

Le British bicolore bleu et blanc

Les British Shorthairs bicolores n'ont que deux couleurs, l'une des deux étant obligatoirement du blanc. Il est important que les taches de couleur soient aussi symétriques que possible pour donner une impression d'équilibre.

Les chats peuvent être noir et blanc, bleu et blanc (ci-dessus), roux et blanc ou crème et blanc, et ne doivent pas porter de marques tabby dans les zones où le poil est uni. La couleur autre que le blanc (ici le bleu) doit commencer juste derrière les épaules et inclure la queue et les membres postérieurs, laissant les pattes antérieures blanches.

Couleur : une symétrie des couleurs est souhaitable, et le blanc ne doit pas couvrir plus de la moitié de la robe. La couleur autre que le blanc doit être d'un bleu moyen. Les oreilles et le masque doivent être colorés, tandis que les épaules, le cou, les membres antérieurs et leurs pieds, le menton, les babines et la flamme sont blancs. La truffe et les coussinets sont roses. Les yeux sont dorés, orange ou cuivre.

Morphologie : solide et trapue, d'aspect assez massif ; la tête est ronde et large avec de petites oreilles bien formées.

Caractère : facile à vivre, calme et affectueux, c'est un excellent animal de compagnie, généralement peu exigeant.

Le British bicolore crème et blanc

Contrairement au Persan bicolore, le British bicolore a toujours été populaire, certainement en partie parce que son caractère – affectueux, intelligent et sociable – en fait l'animal de compagnie idéal. De plus, il est facile à toiletter et n'exige pas de régime alimentaire particulier.

Dans les expositions, le bicolore est pénalisé par des marques tabby et il peut être disqualifié si les zones blanches prédominent.

Couleur : la symétrie des couleurs est souhaitable et le blanc ne doit pas couvrir plus de la moitié de la robe. Les oreilles et le masque doivent être colorés ; les épaules, le cou, les membres antérieurs, le menton, les babines et la flamme sont blancs. La truffe et les coussinets sont roses. Les yeux sont dorés, orange ou cuivre.

Morphologie : solide et trapue, d'aspect assez massif ; la tête est ronde et large avec de petites oreilles bien dessinées.

Caractère : facile à vivre, calme et affectueux, c'est un excellent animal de compagnie généralement peu exigeant.

Le British bleu crème

La variété diluée de l'écaille de tortue ne peut être représentée que par des femelles issues de croisements entre des British bleus et des British crème, des British crème et des British écaille de tortue ou des British bleus et des British écaille de tortue. Néanmoins, ce chat possède toutes les caractéristiques normales du British Shorthair moyen, dont la fourrure courte et dense.

Couleur : au Royaume-Uni, le standard exige une fourrure aux deux couleurs mélangées, mais aux États-Unis cette variété doit posséder une robe bleue unie avec des taches crème. La truffe et les coussinets sont bleus et/ou roses. Les yeux sont dorés, orange ou cuivre.

Morphologie : solide et trapue, d'aspect massif ; la tête est ronde et large avec de petites oreilles bien formées. Queue courte et fuselée.

Caractère : facile à vivre, calme et affectueux, c'est un excellent animal de compagnie généralement peu exigeant.

Le British calico

Souvent appelé British écaille de tortue et blanc, le British calico est très difficile à obtenir si l'on souhaite une totale conformité au standard. Il doit offrir un équilibre parfait entre le noir et le roux, le clair et le foncé, sur fond blanc. Cette variété est pénalisée aux expositions si elle présente des marques tabby, une couleur continue sur les pattes et des taches inégales ; elle est disqualifiée si les zones blanches prédominent.

Couleur : les couleurs de la robe doivent être brillantes et le chat ne doit porter aucune marque tabby. Les taches, grandes et bien définies, doivent couvrir le sommet du crâne, les oreilles et les joues, le dos et la queue, et une partie des flancs. La face doit porter une flamme blanche. La truffe et les coussinets sont roses et/ou noirs, les yeux dorés, orange ou cuivre (le noisette est également permis par certaines associations).

Morphologie : solide et trapue, d'aspect massif ; la tête est large et ronde avec de petites oreilles bien formées.

Caractère : facile à vivre, calme et affectueux, c'est un excellent animal de compagnie généralement peu exigeant.

Le British colourpoint

Dans les années 1970 un programme de reproduction structuré fut élaboré en vue de produire un chat de type British Shorthair, mais avec le corps blanc et les points sombres du Siamois. Ce facteur fut introduit en croisant des British Shorthairs avec des Persans colourpoint, le type de ces derniers étant plus proche du British que celui du Siamois, chat à tête allongée.

Couleur : toutes les couleurs habituelles unies du Persan colourpoint sont autorisées dont le seal, le bleu, le chocolat, le lilas, le roux et le crème, ainsi que les couleurs écaille et tigrées. La couleur du British colourpoint écaille lilas (ci-dessous) est divine, les points étant un mélange délicat de lilas très pâle et de crème très clair. Bien que le standard exige que les yeux du British colourpoint soient d'un bleu clair et défini, cette couleur s'est avérée difficile à obtenir.

Morphologie : solide et trapue, d'aspect massif ; la tête est large et ronde avec de petites oreilles bien formées.

Caractère : facile à vivre, calme et affectueux, c'est un excellent animal de compagnie, généralement peu exigeant.

Le British fumé

Les chats à marques fumées offrent
des couleurs habituelles, mais au lieu
que la couleur soit unie de la pointe
à la racine des poils, le sous-poil est
blanc ou argenté. Au repos, le chat
semble unicolore, mais en mouvement
le blanc ou l'argenté du sous-poil
apparaît, donnant au chat un aspect
changeant, miroitant. Dans chacune
des sous-variétés, la couleur de la truffe,
des coussinets et des yeux requise
par le standard est identique à celle
de la fourrure. Les British Shorthairs
fumés existent dans un large éventail
de couleurs, mais chacune

des différentes associations ne reconnaît
qu'un nombre de couleurs limité.

Couleur : le British fumé noir (ci-dessus)
possède un sous-poil blanc ou argenté avec
un tipping noir du poil très prononcé. Au repos
le chat semble noir, mais en mouvement
le sous-poil clair devient visible. La truffe et
les coussinets sont noirs. Les yeux sont dorés
ou cuivre. Chez le British fumé bleu, le sous-
poil est blanc ou argent avec un tipping bleu
du poil très prononcé. Au repos le chat est bleu,
en mouvement il rend visible son sous-poil clair.
La truffe et les coussinets sont bleus.
Les yeux sont dorés ou cuivre.
Morphologie : solide et trapue, d'aspect
massif ; la tête est large et ronde avec de petites
oreilles bien dessinées.
Caractère : facile à vivre, calme
et affectueux, c'est un excellent animal
de compagnie généralement peu exigeant.

Le British tacheté

Possédant une marque tabby tachetée, le British tacheté est doté d'un dessin de robe semblable à celui des félins sauvages, ce qui a toujours fait de lui un chat très recherché.

Les taches peuvent être rondes, ovales, oblongues ou en forme de rosette. Les marques de la tête doivent être identiques à celles exigées pour le tabby marbré. Les membres doivent être clairement tachetés et la queue peut être tachetée ou annelée. Les chats tachetés sont pénalisés quand les taches ne sont pas nettement délimitées et quand ils ont des barres, excepté sur la tête.

Couleur : chez le British argenté tacheté (ci-dessous), les marques d'un noir profond sont sur un fond argenté très clair.
Chez le British bleu tacheté, le motif est composé de taches bleu-gris sur un fond plus clair. Le standard exige pour cette race que les taches soient aussi nombreuses et aussi clairement définies que possible. La queue doit être tachetée ou porter des anneaux non continus. La présence de blanc sur la robe est considérée comme un défaut. La couleur des yeux doit correspondre à celle de la robe.

Morphologie : solide et trapue, d'aspect massif ; la tête est large et ronde avec de petites oreilles bien dessinées.

Caractère : facile à vivre, calme et affectueux, c'est un excellent animal de compagnie généralement peu exigeant.

Le British tabby

Les marques doivent être denses et clairement définies, les membres régulièrement barrés avec des bracelets et la queue doit être régulièrement annelée. Le chat doit porter plusieurs colliers complets autour du cou et de la poitrine. Sur la tête, des marques sombres forment la lettre « M » et une bande continue part de l'angle externe des yeux. Les joues portent des marques en volutes et des bandes verticales descendent de l'arrière de la tête jusqu'aux marques des épaules. On observe une bande sombre le long de l'épine dorsale encadrée d'une bande parallèle le long des flancs. Une grande tache unicolore de chaque côté du corps doit être entourée d'un ou de plusieurs anneaux continus, et les marques des deux flancs doivent être identiques.

Couleur : il existe une grande variété de couleurs, bien que toutes ne soient pas reconnues par les associations. Certains British tabby sont pénalisés parce que la couleur de leurs yeux n'est pas conforme au standard ou parce qu'ils ont du blanc sur le corps.

Morphologie : solide et trapue, d'aspect massif ; la tête est large et ronde avec de petites oreilles bien formées.

Caractère : facile à vivre, calme et affectueux, c'est un excellent animal de compagnie généralement peu exigeant.

Le British tabby bleu

Comme pour les autres British tabby, trois marques sont acceptables : marbrures, tigrures et taches. Chez les variétés diluées, le British tabby bleu, par exemple, les dessins sont plus diffus.

Couleur : la couleur de base, dont celle des babines et du menton, doit être ivoire bleuté clair, avec des marques bleues très foncées qui contrastent fortement avec le fond. Il doit y avoir un petit ton faon chaud sur l'ensemble de la robe. La truffe est vieux rose, les coussinets sont roses et les yeux dorés ou cuivre.

Morphologie : solide et trapue, d'aspect massif ; la tête est large et ronde avec de petites oreilles bien formées.

Caractère : facile à vivre, calme et affectueux, c'est un excellent animal domestique, généralement peu exigeant.

Le British tabby roux

Le British tabby roux représenté ici porte des dessins marbrés typiques sur un fond roux un peu plus clair. Les colliers continus souhaités sont bien visibles autour du cou. Comme tous les British Shorthairs, le British tabby roux possède des membres relativement courts et un corps puissant, assez musclé.

Couleur : la couleur de base est rousse, dont celle des babines et du menton. Les marques sont d'un roux riche et profond, plus sombre que le fond. La truffe et les coussinets sont rouge brique, les yeux dorés, orange ou cuivre (les yeux noisette sont parfois acceptés).

Morphologie : solide et trapue, d'aspect massif ; la tête est large et ronde avec de petites oreilles bien formées.

Caractère : facile à vivre, calme et affectueux, c'est un excellent animal de compagnie généralement peu exigeant.

Le British tabby tigré roux

Chez le tabby tigré, les marques doivent être denses, clairement définies et ressembler à des stries parallèles. Les membres doivent porter des bracelets réguliers et la queue doit être annelée. Le cou doit être entouré de plusieurs colliers. La tête est également tigrée, avec un « M » sur le front et des lignes de mascara continues partant des yeux. Les lignes sont plus nombreuses derrière la tête où elles rejoignent les marques des épaules. Les lignes se rassemblent pour former une large bande sombre sur l'épine dorsale et de fines lignes descendent de la colonne de chaque côté du corps.

Couleur : des lignes descendent de l'épine dorsale, mais les marques sont identiques à celles des autres British tabby.

Morphologie : solide et trapue, d'aspect massif ; la tête est ronde et large avec de petites oreilles bien dessinées.

Caractère : facile à vivre, calme et affectueux, c'est un excellent animal de compagnie généralement peu exigeant.

Le British tabby argenté

Les dessins noirs de la robe du British tabby argenté sont bien visibles, se détachant nettement de la couleur de base argent clair. Les colliers et les lignes de mascara (« traits de crayon » partant des yeux) doivent être clairement définis.

Couleur : la couleur de base, dont celle des babines et du menton, est argent clair et les marques sont denses et noires. La truffe est rouge brique, les coussinets sont noirs et les yeux verts ou noisette.

Morphologie : solide et trapue, d'aspect massif ; la tête est large et ronde avec de petites oreilles bien dessinées.

Caractère : facile à vivre, calme et affectueux, c'est un excellent animal de compagnie peu exigeant.

Le British tipped ou à poils à extrémités colorées

Variété assez récente, le British tipped a été produit en introduisant le chinchilla dans le programme de reproduction du British Shorthair. Le résultat est un chat à poil court de type British Shorthair, avec la robe du chinchilla – miroitante.

Couleur : variété génétiquement argent, la couleur est limitée aux courtes extrémités du poil, tandis que le sous-poil est si clair qu'il semble blanc. Les yeux sont orange foncé ou cuivre, excepté chez le British tipped noir (représenté ici) où ils sont verts.

Morphologie : solide et trapue, d'aspect massif ; la tête est ronde et large avec de petites oreilles bien formées.

Caractère : facile à vivre, calme et affectueux, c'est un excellent animal de compagnie généralement peu exigeant.

Le British écaille de tortue

Un chat dont la robe est un mélange de différentes couleurs est très séduisant, d'autant qu'il n'existe pas deux chats écaille de tortue identiques.

Comme pour toutes les variétés écaille de tortue, leurs seules représentantes sont des femelles de couleurs.

Couleur : les marques noires et rousses, claires et foncées, doivent être également réparties sur la tête, le corps, les membres et la queue. Les couleurs doivent être brillantes, sans ombres ni marques tabby ou taches blanches. Une flamme rousse sur la face est souhaitable. La truffe et les coussinets doivent être roses et/ou noirs. Les yeux sont dorés, orange ou cuivre (le noisette est accepté par certaines associations).

Cette variété est pénalisée par des ombres, des marques tabby, une répartition inégale des couleurs et une couleur continue sur les pattes ; elle est disqualifiée si elle porte des marques blanches.

Morphologie : solide et trapue, d'aspect massif ; la tête est large et ronde avec de petites oreilles bien dessinées.

Caractère : facile à vivre, calme et affectueux, c'est un excellent animal de compagnie, généralement peu exigeant.

Le Chartreux

Originaire de France, le Chartreux est une race qui aurait été créée par les moines chartreux au XVIe siècle. Ces moines vivaient dans le monastère de la Grande-Chartreuse, près de Grenoble, célèbre dans le monde entier pour sa liqueur aromatique, la chartreuse. Dans son *Histoire naturelle* publiée en 1756, le naturaliste Buffon donne des détails sur ce félin bleu et dans les années 1930 un vétérinaire français propose que cette race ait son propre nom scientifique, *Felis catus cartusianorum*.

Les Chartreux actuels ne doivent pas être confondus avec les British Shorthairs bleus ou les Européens à poil court bleus. De constitution massive, le Chartreux a une « bonne tête » aux joues rebondies, particularité plus prononcée chez les mâles que chez les femelles, et sa robe est bleue unie.

Sa fourrure dense nécessite d'être peignée régulièrement pour entretenir le bon état de son sous-poil laineux. Un brossage régulier permet d'étoffer le poil et d'éviter qu'il reste plaqué sur le corps. Cette race d'exposition s'est développée naturellement à partir des chats d'Europe continentale.

Couleur : toutes les nuances de bleu, du bleu-gris pâle au bleu-gris foncé, sont permises, mais la préférence va au bleu-gris clair. Le ton doit être uniforme. Les yeux sont jaune cuivré à cuivre foncé.

Morphologie : de taille moyenne à grande, solide et musclée, avec une forte tête et un crâne rond.

Caractère : bien équilibré, une « force tranquille » ; peut vivre heureux en appartement.

L'Européen à poil court

Cette race d'exposition s'est développée naturellement à partir des chats d'Europe continentale. Son standard est semblable à celui du British Shorthair et l'on suppose que l'Européen à poil court n'a pas été mélangé à d'autres races. Les premiers Européens à poil court descendaient de chats introduits en Europe du Nord par les envahisseurs romains qui emportaient leurs chats avec eux à la guerre pour lutter contre les animaux nuisibles qui auraient dévasté leurs réserves alimentaires.

La fourrure courte et dense est facile à entretenir : un coup de peigne quotidien suffit. Les yeux et les oreilles doivent être nettoyés régulièrement avec un coton humide.

Couleur : toutes les couleurs et marques de robe sont permises, dont le tabby marbré (ci-dessous), tigré et tacheté. Les marques doivent être bien définies sur un fond plus clair.

Morphologie : de taille moyenne, avec une tête ronde assez importante et des yeux ronds bien écartés.

Caractère : placide et facile à vivre, c'est le chat domestique idéal pour toute la famille.

L'Européen tacheté argent

De nombreux Européens à poil court ont des ancêtres British Shorthairs et présentent une gamme de couleurs et de marques de robe similaire. Les tabby argent sont particulièrement populaires, bien que l'on trouve également des tabby roux, crème et bleu crème. L'Européen à poil court tacheté argent est la version « européenne » du British Shorthair argenté tacheté. Il possède également des marques clairement définies sur les flancs, mais elles tendent à former des tigrures sur les côtes.

Couleur : dans les tabby argent, les marques sont de la couleur principale de la variété d'une couleur de base argent clair. Il ne doit pas y avoir de poils tiquetés ni de traces d'une autre couleur dans les marques. Les trois marques tabby – marbrée, tigrée et tachetée – sont acceptées et les six variétés de tabby autorisées sont : noir argent, bleu argent, roux argent, crème argent, noir écaille argent et bleu écaille argent. Les yeux peuvent être verts, jaunes ou orange, mais la préférence va au vert.

Morphologie : de taille moyenne, avec une tête ronde assez importante et des yeux ronds bien écartés.

Caractère : placide et facile à vivre, c'est le chat domestique idéal pour toute la famille.

L'Européen tabby tigré

L'Européen à poil court a donné indirectement le mot « tabby ». Les tisserands irakiens reproduisaient les couleurs et les dessins du pelage de ce chat sur les tapis qu'ils exportaient en Europe et le mot tabby désignait ce style de dessins.

L'Européen à poil court est très attaché à son territoire et capable d'attaquer les autres chats qui se risquent sur son domaine. Il est toutefois affectueux envers son maître, les femelles en particulier, très attachées à leur famille « humaine ».

Tous les Européens à poil court sont très prolifiques, leurs portées comportant davantage de chatons que celles des autres races. De plus, ces chats ont une grande longévité.

Couleur : le groupe des tabby non argentés peut avoir une robe marbrée, tigrée ou tachetée. Les six variétés acceptées sont le tabby noir, le tabby bleu, le tabby roux (représenté ici avec une marque tigrée), le tabby crème, le tabby écaille noir et le tabby écaille bleu. Tous peuvent avoir des yeux verts, jaunes ou orange.

Morphologie : de taille moyenne, avec une tête ronde assez importante et des yeux ronds bien écartés.

Caractère : placide et facile à vivre, c'est le chat domestique idéal pour toute la famille.

L'Exotique

Au cours du développement du British Shorthair et de l'American Shorthair, et avec l'introduction de nouvelles couleurs orientales, les éleveurs ont parfois effectué des croisements entre des chats à pedigree à poil long (les Persans) et à poil court.
Leur progéniture a ensuite été croisée avec la race principale, et ainsi de suite, pour renforcer les traits souhaités.

Durant les années 1960, des chats issus de croisements entre des American Shorthairs et des Persans se sont vu attribuer le nom d'Exotic Shorthair avec l'approbation de la CFA. Cette race est, par essence, une version à poil court du Persan : elle possède la conformation du Persan mais l'avantage du poil court, relativement facile à entretenir.

La fourrure est toutefois plus longue et moins plaquée sur le corps que celle des American et des British Shorthairs.

Couleur : l'Exotique crème, unicolore (représenté ici), doit posséder une robe uniformément crème sans ombres ni marques ; le crème clair est préféré au crème foncé. La truffe et les coussinets sont roses. Les yeux sont cuivre doré.

Morphologie : de taille moyenne et trapue, avec une tête ronde et massive et de petites oreilles à implantation basse.

Caractère : facile à vivre, doux et affectueux, généralement peu exigeant.

L'Exotique bicolore

Ils doivent avoir des taches de couleur nettes, bien distribuées sur le corps, la face, des taches colorées et blanches.

Outre les couleurs standards, il existe les couleurs « Van », au nombre de trois. La robe de l'Exotique bicolore de type Van est blanche avec des taches unies noires, bleues, rousses ou crème localisées uniquement sur la tête, la queue et les membres, bien qu'une ou deux petites taches colorées sur le corps soient permises. La robe de l'Exotique tricolore Van est blanche avec des taches écaille de tortue, c'est-à-dire noires et rousses, localisées seulement sur la tête, la queue et les membres, bien qu'un maximum de trois petites taches colorées sur le corps soit autorisé.

La robe de l'Exotique bleu, crème et blanc de type Van est blanche avec des taches bleues et crème limitées à la tête, à la queue et aux membres, même si une ou deux petites taches colorées sur le corps sont permises.

Couleur : sa robe est blanche avec des taches unies noires, bleues (ci-dessous), rousses ou crème. La couleur de la truffe et des coussinets correspond à la couleur de base de la robe. Les yeux sont cuivre doré.

Morphologie : de taille moyenne et trapue, avec une tête ronde et massive et de petites oreilles à implantation basse.

Caractère : facile à vivre, doux et affectueux, généralement peu exigant.

L'Exotique bleu

L'Exotique est calme, affectueux et placide. C'est un chat d'exposition idéal, facile à préparer, qui aime être bichonné et admiré.

La fourrure, pelucheuse et de longueur moyenne, est assez facile à peigner et elle se détache bien du corps lorsque l'on peigne le chat à rebrousse-poil. Un poil brillant, signe de bonne santé, est obtenu avec une alimentation équilibrée. Les yeux et les oreilles restent propres s'ils sont nettoyés doucement avec un coton.

Couleur : la robe est bleue du nez à la queue, et de la racine à l'extrémité du poil. La préférence va au bleu clair. La truffe et les coussinets sont bleus et les yeux cuivre doré.

Morphologie : de taille moyenne et trapue, avec une tête ronde et massive et de petites oreilles à implantation basse.

Caractère : facile à vivre, doux et affectueux, généralement peu exigeant.

L'Exotique calico

L'Exotique est la race idéale pour
un propriétaire qui souhaite un chat
de type Persan, mais qui n'a pas le temps
de toiletter correctement la longue
fourrure de ce dernier. Les Exotiques
sont des Persans version poil court,
mais ils doivent être conformes
aux standards des deux races,
le Shorthair et le Persan, excepté pour
la fourrure.

Couleur : la robe est blanche avec des taches
unies noires et rousses, le blanc prédominant
sur la moitié inférieure du corps. Les yeux sont
cuivre doré. L'Exotique calico dilué (ci-dessus),
également appelé Exotique écaille bleu et blanc,
possède des taches bleu clair à bleu soutenu,
crème clair et blanches.

Morphologie : de taille moyenne
et trapue, avec une tête ronde et massive
et de petites oreilles à implantation basse.

Caractère : facile à vivre, doux
et affectueux, généralement peu exigeant.

L'Exotique colourpoint

Descendant de l'American Shorthair, l'Exotique a été développé par croisements entre des American Shorthairs et des Persans. L'Exotique colourpoint porte la marque à points, avec un corps de couleur claire et des points colorés sur la face, la queue, les membres et les pattes. Le chat représenté ci-dessous est un Exotique tabby bleu à points.

Couleur : six couleurs principales sont autorisées – seal, bleu, chocolat, lilas, roux et crème ; les couleurs écaille, tabby et tabby écaille sont également acceptées. Il doit y avoir un contraste important entre le corps et les points. Les points ne doivent pas porter de poils blancs et, dans l'idéal, le corps ne doit pas avoir d'ombres qui, si elles sont présentes, doivent s'harmoniser avec les points. La truffe et les coussinets doivent être de la même couleur que les points. Les yeux doivent être bleu clair. **Morphologie :** de taille moyenne et trapue, avec une tête ronde et massive et de petites oreilles à implantation basse. **Caractère :** facile à vivre, doux et affectueux, généralement peu exigeant.

L'Exotique argenté ombré

La robe de tous les Exotiques est une caractéristique importante. Elle doit être mi-longue, mais pelucheuse et douce. Elle ne doit être ni trop près du corps ni trop flottante. Les Exotiques sont des animaux de compagnie idéaux, possédant les caractéristiques de leurs deux ancêtres (le Persan et l'American Shorthair), mais offrant l'avantage de ne pas avoir besoin d'un toilettage quotidien comme le Persan.

Couleur : le sous-poil est d'un blanc pur et le poil de l'épine dorsale, des flancs, de la face et de la queue est noir sur une longueur suffisante pour donner au chat une apparence ombrée. La colonne a une apparence sombre tandis que le menton, la poitrine, le ventre et le dessous de la queue sont blancs. Les membres sont du même ton que la face. L'effet général est beaucoup plus foncé que celui du chinchilla. Les yeux, les lèvres et le nez sont cerclés de noir. La truffe est rouge brique, les coussinets sont noirs. Les yeux sont verts ou bleu-vert.

Morphologie : de taille moyenne et trapue, avec une tête ronde et massive et de petites oreilles à implantation basse.

Caractère : facile à vivre, doux et affectueux, généralement peu exigeant.

L'Exotique fumé

L'Exotique résulte du croisement entre l'American Shorthair et le Persan. Le chat est donc de type Persan, avec un corps trapu et une tête ronde et massive, mais sa fourrure dense et douce est plus courte et plus facile à entretenir. Les yeux de cette race sont particuliers, très grands et écartés, avec une expression douce.

Les portées comptent généralement quatre chatons. Les petits sont souvent plus foncés que leurs parents, n'obtenant leur couleur définitive qu'à la maturité sexuelle.

Couleur : l'Exotique fumé peut être de n'importe quelle couleur acceptée dans cette race, mais au lieu d'être de couleur unie de la racine à la pointe des poils, la base du poil est blanc argent. La robe ne doit porter aucune marque tabby et le contraste entre le poil de couverture et le sous-poil doit être prononcé. La truffe et les coussinets doivent être de la même couleur que la fourrure, les yeux, cuivre, orange ou doré foncé.

Morphologie : de taille moyenne et trapue, avec une tête ronde et massive et de petites oreilles à implantation basse.

Caractère : facile à vivre, doux et affectueux, généralement peu exigeant.

L'Exotique tabby brun

Les défauts courants par rapport au standard de l'Exotique sont : une queue courte ou déformée, des yeux dont la couleur contraste avec celle de la fourrure et une tête trop petite. Les chats de cette race doivent avoir des yeux grands, ronds et bien écartés. Les petites oreilles, arrondies à leur extrémité, sont très écartées et à implantation basse.

Couleur : les Exotiques tabby écaille sont acceptés bruns, bleus, chocolat et lilas. Le tabby tacheté, qui offre la même variété de couleurs que les tabby marbrés et tigrés, porte des marques rondes, ovales ou en forme de rosette, bien définies et plus sombres que la couleur de base claire de la robe.

Morphologie : de taille moyenne et trapue, avec une tête ronde et massive et de petites oreilles à implantation basse.

Caractère : facile à vivre et affectueux.

L'Exotique tabby argent

L'Exotique est accepté avec des marques marbrées et tigrées, mais l'intensité des marques sombres est réduite par la densité du poil lorsque la couleur de base de la robe est argent. Ce chat possède la truffe rouge brique exigée pour cette variété.

Couleur : les couleurs autorisées pour le tabby sont les suivantes : argent, brun, bleu, chocolat, lilas, roux et crème. Les couleurs exigées sont identiques à celles des variétés équivalentes du British Shorthair, excepté pour les yeux qui, chez l'Exotique, sont cuivre doré.

Morphologie : de taille moyenne et trapue, avec une tête ronde et massive et de petites oreilles à implantation basse.

Caractère : facile à vivre et affectueux.

Le Manx ou Chat de l'île de Man

Les légendes et les contes expliquant l'origine de cette race unique sans queue abondent, mais la science moderne affirme que son apparence est due à un gène dominant mutant. La mutation originelle remonte à de nombreuses années, puisque les Manx sont connus depuis 1900 et qu'ils appartiennent à un club d'élevage spécialisé créé en 1901 en Grande-Bretagne.

Bien qu'il s'agisse d'une race ancienne, le Manx reste rare. Les femelles ont de petites portées, conséquence directe du gène anoure. Ce facteur est en réalité un gène létal pour le sujet homozygote – celui qui hérite du gène anoure de ses deux parents – qui meurt au stade embryonnaire. Le Manx qui ne meurt pas avant la naissance est donc l'hétérozygote – celui qui n'hérite que d'un gène anoure, l'autre codant pour une queue normale. Les éleveurs croisent généralement des Manx sans queue avec la progéniture de Manx à queue normale pour renforcer la race.

La double fourrure du Manx nécessite une alimentation équilibrée et un toilettage régulier. Elle doit être peignée entièrement et lustrée avec les mains, un foulard de soie ou un gant de toilettage.

Couleur : toutes les variétés de couleurs et de marques sont acceptées.

Morphologie : de taille moyenne, avec une tête ronde et un nez large et droit. Les membres postérieurs sont plus hauts que les antérieurs.

Caractère : intelligent, sociable et affectueux.

Le Manx écaille de tortue

Le Manx est accepté avec de nombreuses variétés de couleurs par la plupart des associations américaines. Chacune des variétés enregistrées possède exactement les mêmes exigences de couleurs que son équivalent American Shorthair, à l'exception de la couleur des yeux : cuivre doré au lieu de dorée.

Les variétés acceptées sont : le Manx noir, le Manx bleu, le Manx roux, le Manx crème, le Manx écaille de tortue, le Manx bleu crème, le Manx calico, le Manx calico dilué, le Manx chinchilla, le Manx argenté ombré, le Manx fumé noir, le Manx fumé bleu, le Manx tabby tigré et le Manx tabby marbré.

Couleur : toutes les couleurs ou marques citées ci-contre sont donc autorisées, excepté les marques à points. La couleur des yeux doit s'harmoniser avec la couleur prédominante de la robe.

Morphologie : de taille moyenne, avec une tête ronde et un nez large et droit. Les membres postérieurs sont plus hauts que les antérieurs.

Caractère : intelligent, sociable et affectueux.

Le Scottish Fold

Une portée de chatons née en 1961 dans une ferme d'Écosse contenait le premier Scottish Fold. Un berger, William Ross, remarqua le chaton qui avait des oreilles repliées, chose plutôt singulière, et se montra intéressé par cet animal. Deux ans plus tard, la mère du chaton, Susie, donna naissance à deux chatons aux oreilles repliées et William Ross en reçut un. Un programme de reproduction commença en Grande-Bretagne, mais lorsque l'on découvrit qu'une faible proportion de chats aux oreilles repliées possédait également une queue et des membres épaissis, l'organisme d'enregistrement bannit les Scottish Folds de toutes les expositions. Les éleveurs britanniques, bien décidés à ne reproduire que des chats sains, firent enregistrer leurs chats dans des associations d'autres pays et le principal centre d'élevage de cette race devint les États-Unis.

Les Scottish Folds actuels sont croisés avec des British Shorthairs en Grande-Bretagne et avec des American Shorthairs aux États-Unis ou avec d'autres Scottish Folds aux oreilles droites. Les oreilles repliées sont dues à l'effet d'un seul gène dominant.

Couleur : toutes les couleurs sont acceptées. La couleur des yeux doit être assortie à celle de la robe, et chaque variété doit être conforme au standard de couleur de son équivalent American Shorthair.

Morphologie : de taille moyenne, assez « rebondie », avec un crâne plat et de grands yeux ronds.

Caractère : facile à vivre, doux et affectueux ; malgré ses curieuses oreilles, il entend parfaitement.

Le Scottish Fold bicolore

La fourrure, courte et dense, ne nécessite qu'un entretien minimal. Les pliures des oreilles doivent être nettoyées doucement avec un coton humide.

Couleur : les exigences en matière de couleur pour le Scottish Fold bicolore sont identiques à celles de l'American Shorthair bicolore.

Morphologie : de taille moyenne, assez « rebondie », avec un crâne plat et de grands yeux ronds.

Caractère : facile à vivre, doux et affectueux ; malgré ses curieuses oreilles, il entend parfaitement.

Le Scottish Fold calico

Il est calme, placide, de bonne compagnie. Il aime à la fois les hommes et les autres animaux domestiques. La femelle est une très bonne mère et les chatons sont assez précoces.

Couleur : les exigences en matière de couleur pour le Scottish Fold calico sont identiques à celles de l'American Shorthair calico.

Morphologie : de taille moyenne, assez « rebondie » ; crâne plat et grands yeux ronds.

Caractère : facile à vivre, doux et affectueux ; malgré ses curieuses oreilles, il entend parfaitement.

Le Snowshoe

Le Snowshoe est un chat rare, même aux États-Unis où il a fait l'objet d'un premier élevage. Ce chat associe la conformation râblée de l'American Shorthair et le corps long et mince du Siamois. Ses couleurs sont celles du Siamois, mais ses pattes blanches celles du Birman.

Sa fourrure nécessite un entretien minimal, et ses pattes blanches peuvent être nettoyées de temps en temps avec une poudre spéciale pour éviter le jaunissement.

Couleur : toutes les couleurs à points sont acceptées.

Morphologie : de taille moyenne et bien musclée, avec une face triangulaire, de grands yeux et des oreilles assez pointues.

Caractère : facile à vivre, gentil et intelligent.

LES RACES ÉTRANGÈRES À POIL COURT

L'Abyssin

L'origine de l'Abyssin reste incertaine, même si l'on sait de façon certaine qu'il a été rapporté d'Éthiopie en Angleterre en 1868. Il a été surnommé le chat-dieu en raison de sa grande ressemblance avec les chats sacrés de l'Égypte ancienne. Quelle que soit leurs couleurs, tous les Abyssins ont une fourrure originale, tiquetée, appelée marque de type agouti ou sauvage. Une reproduction sélective effectuée sur de nombreuses générations a engendré une réduction des barres tabby naturelles présentes généralement sur la face, le cou, la queue et le ventre, de sorte que l'Abyssin d'exposition actuel possède une robe claire, luisante, tiquetée, ressemblant au pelage d'un lièvre.

Couleur : la couleur normale de la robe de l'Abyssin est appelée « usuelle » ou « lièvre » et elle est génétiquement noire – chaque poil, d'une riche couleur chaude, possédant deux ou trois bandes noires. La robe est d'un brun rougeâtre chaud avec un tiquetage noir. La couleur de base est abricot foncé ou orange. L'extrémité de la queue, des oreilles et le contour des yeux sont noirs. La truffe est rouge brique (et peut être cernée de noir). Les coussinets, l'arrière des pattes et les poils des doigts sont brun foncé ou noirs. Les yeux sont or ou verts, les couleurs riches et profondes étant préférées.

Morphologie : de taille moyenne, musclée et élancée, avec une tête triangulaire mais sans excès aux contours délicats.

Caractère : facile à vivre, très intelligent et sociable ; dépérit s'il est privé de compagnie.

L'Abyssin bleu

La fourrure est facile à entretenir et n'exige qu'un toilettage minimal. Les grandes oreilles doivent être régulièrement nettoyées avec un coton humide.

Couleur : le pelage est bleu-gris chaud avec un tiquetage sombre, bleu-gris acier. Le poil de base est crème ou beige pâle. La pointe de la queue et l'extrémité des oreilles sont bleu acier foncé. Le contour des yeux est bleu-gris. La truffe est vieux rose (elle peut être cernée de bleu-gris). Les coussinets sont vieux rose et/ou bleu-gris. L'arrière des pattes et les poils des doigts sont bleu acier, les yeux or ou verts.

Morphologie : de taille moyenne, musclée et élancée, avec une tête triangulaire mais sans excès aux contours délicats.
Caractère : facile à vivre, très intelligent et sociable ; dépérit s'il est privé de compagnie.

L'Abyssin sorrel

L'Abyssin est un chat calme et doux. Il peut être timide et plutôt réservé, méfiant à l'égard des étrangers, mais il s'entend généralement bien avec les autres chats et adore son maître.

Couleur : l'Abyssin sorrel est également appelé Abyssin roux. Le pelage est roux cuivré, vif et chaud, tiqueté de brun chocolat. Le poil de base est abricot foncé. La pointe de la queue, l'extrémité des oreilles, le contour des yeux, l'arrière des pattes et les poils des doigts sont brun roux. La truffe est roux pâle (elle peut être cernée de brun roux). Les coussinets sont cannelle à chocolat, les yeux or ou verts.
Morphologie : de taille moyenne, musclée et élancée, avec une tête triangulaire mais sans excès aux contours délicats.
Caractère : facile à vivre, très intelligent et sociable ; dépérit s'il est privé de compagnie.

L'Asiatique

Le groupe des Asiatiques englobe une grande variété de races à poil court. Toutes les variétés sont du type et de la conformation de base du Burmese, mais elles n'ont pas sa couleur de robe ni ses légères marques à points.

Il existe au sein de ce groupe un grand nombre de chats aux robes très séduisantes – aussi bien par leur couleur, leur dessin que leur texture. La fourrure est courte et serrée. Toutes les variétés de chats Asiatiques ont des yeux particulièrement grands, ronds et expressifs, très écartés. Leur emplacement ressemble à celui des Orientaux, mais leur forme ronde n'est pas du tout de type oriental.

Couleur : noir, bleu, chocolat, lilas, caramel, roux, crème, abricot et écaille de tortue, plus l'association écaille de tortue et couleur unie.

Morphologie : taille moyenne, musclée, mais élégante ; une tête bombée à son sommet.

Caractère : affectueux, intelligent, joueur et très vivant.

L'Asiatique tabby

Acceptée avec quatre marques – tiquetée, tachetée, tigrée et marbrée – et toutes les couleurs, cette race offre un large choix pour contenter tous les propriétaires.

Chacun des poils de la robe du tabby tiqueté (représenté ici) est tiqueté avec deux ou trois bandes de couleur sombre, ce qui rappelle le pelage du lapin sauvage. Tous les chats de cette variété doivent porter des barres tabby bien définies sur leurs membres et leur queue.

Couleur : le noir, le bleu, le chocolat, le lilas, le caramel, le roux, le crème, l'abricot et l'écaille de tortue, ainsi que l'association écaille et couleur unie. Toutes ces couleurs sont acceptées en versions tabby argenté et tabby standard, ainsi qu'en expressions solide ou sépia.

Morphologie : de taille moyenne et bien musclée, mais élégante, avec une tête bombée à son sommet.

Caractère : affectueux, intelligent, joueur et très vivant.

L'Asiatique fumé

L'Asiatique fumé est un chat non agouti possédant un sous-poil pâle, argenté ou presque blanc, et un poil plus foncé. Appelé Burmoiré à l'origine, ses « marques fantômes » tigrées donnent l'impression d'une encre diluée. Le poil est blanc sur un tiers, voire la moitié de sa longueur, le reste étant coloré et foncé. Le front porte parfois des marques de type « froncement de sourcils », et les yeux peuvent être cerclés d'argent.

Couleur : noir, bleu, chocolat, lilas, caramel, roux, crème, abricot et écaille de tortue, plus l'association écaille de tortue et couleur unie.

Morphologie : taille moyenne, musclée, mais élégante ; tête bombée à son sommet.

Caractère : affectueux, intelligent, joueur et très vivant.

Le Bengale

Issu du croisement entre des chats-léopards asiatiques qui vivaient à l'état sauvage en Asie du Sud-Est et des chats domestiques, le Bengale fut obtenu pour la première fois aux États-Unis. Il semble avoir hérité de l'assurance et de la « force tranquille » du chat-léopard asiatique et du caractère affectueux du chat domestique, ce qui fait de lui un mini-léopard affectueux. L'apparence du Bengale doit être aussi proche que possible de celle du premier hybride.

La texture du poil est unique : il est doux comme du satin ou de la soie et son aspect est scintillant, comme s'il était parsemé de poussière d'or ou de fragments de perles. Sa voix, roucoulante ou stridente, est très différente de celle du chat domestique, ce qui rappelle ses origines sauvages.

Chez le tacheté et le marbré, les lunettes qui entourent les yeux doivent se prolonger en raies verticales qui peuvent être soulignées par un « M » sur le front. Une « jugulaire » au menton, des lignes de mascara, des colliers continus ou interrompus et des raies horizontales sont souhaitables chez le marbré, des taches chez le tacheté.

Couleur : le Bengale marbré (ci-dessous) doit avoir un dessin de robe particulier : de grandes taches en forme de volute ou des bandes larges clairement définies mais pas symétriques, ce qui donne un aspect marbré. Le dessin de la robe doit être formé de motifs distincts aux contours très nets contrastant fortement avec le poil de base, et les marques ne doivent pas être similaires à celles du tabby marbré.

Morphologie : de grande taille et musclée, avec un arrière-train légèrement plus haut que les épaules ; une tête arrondie avec de petites oreilles aux extrémités arrondies.

Caractère : affectueux, intelligent et curieux, c'est un chat d'agréable compagnie.

Le Bengale tacheté

Assuré et possédant une grande confiance en lui comme ses ancêtres chats-léopards, le Bengale a acquis une nature affectueuse et un tempérament tendre et doux. La fourrure, épaisse et abondante, est conservée en bonne santé avec une alimentation équilibrée, ainsi qu'un brossage et des coups de peigne réguliers.

Couleur : le Bengale tacheté doit avoir de grandes taches bien formées et bien réparties sur sa robe. Le contraste entre la couleur de base et les taches en forme de flèche ou de rosette doit être saisissant. L'estomac doit être tacheté et les membres peuvent porter des lignes horizontales non continues et/ou des taches sur toute leur longueur, leurs extrémités étant de couleur unie et sombre. Il est important que les taches ne forment pas de lignes verticales comme chez le tabby tigré.

Morphologie : de grande taille et musclée, avec un arrière-train légèrement plus haut que les épaules ; une tête arrondie avec de petites oreilles aux extrémités arrondies.

Caractère : affectueux, intelligent et curieux, c'est un chat d'agréable compagnie.

Le Bengale neige

Cette variété possède les marques
de robe du Burmese et du Tonkinois où
la couleur la plus intense est limitée aux
points, mais le dessin reste visible
sur le corps et son aspect
est particulièrement scintillant.

Aux expositions, le Bengale est
pénalisé pour avoir une fourrure longue,
rêche ou tiquetée, une couleur non
tolérée sur la pointe de la queue ou
les coussinets et un estomac non tacheté.

Couleur : la couleur de base est crème
à brun clair. L'impression générale est celle
d'un saupoudrage de perles sur la fourrure.
La couleur des marques, bien visible, va du
charbon de bois au brun clair. Le chat possède
des lunettes, des babines et un menton
légèrement colorés. Des ocelles sont
souhaitables sur les oreilles. Les yeux, les lèvres
et la truffe sont cernés de noir, le centre de
la truffe est rouge brique. Les coussinets sont
brun rosé, la pointe de la queue est charbon
de bois ou brun foncé. Les yeux sont or, verts
ou bleu-vert.

Morphologie : de grande taille et musclée,
avec un arrière-train légèrement plus haut que
les épaules ; une tête arrondie avec de petites
oreilles aux extrémités arrondies.

Caractère : affectueux, intelligent et
curieux, c'est un chat de compagnie agréable.

Le Bombay

En raison de son apparence, le Bombay a été appelé « chevreau verni avec des yeux en forme de nouveau penny » – description exacte de ce chat noir de jais et brillant. Développé à partir des plus beaux spécimens d'American Shorthairs noirs et de Burmeses sable, le type souhaité a été rapidement obtenu et la race Bombay vite fixée. Le Bombay a été pleinement reconnu par la CFA en 1976.

Bien que le chat ressemble à un Burmese américain noir, les premiers éleveurs de cette race trouvaient qu'elle ressemblait à un modèle réduit de la panthère noire indienne (asiatique), et c'est pourquoi ils ont décidé de l'appeler Bombay.

La fourrure est facile à maintenir en bonne santé avec une alimentation équilibrée et un toilettage minimal. La polir avec un foulard de soie ou un tissu de velours rehausse son aspect de cuir verni.

Couleur : uniquement noire. Noire de jais de la racine à la pointe du poil avec un éclat de cuir verni. La truffe et les coussinets sont noirs, les yeux or à cuivre, mais la préférence va à une couleur foncée.

Morphologie : de taille moyenne et musclée, avec une tête agréablement ronde et des oreilles écartées aux extrémités arrondies.

Caractère : affectueux, d'humeur égale et joueur, c'est un agréable compagnon.

Le Burmese

Tous les Burmeses actuels descendent d'une femelle mi-siamoise mi-malaise de Rangoon (Birmanie) nommée Wong Mau et rapportée aux États-Unis en 1930. Wong Mau était certainement une chatte du type appelé aujourd'hui Tonkinois. Elle fut d'abord croisée avec des mâles Siamois, puis ses chatons furent croisés entre eux, voire certains avec leur propre mère.

Trois types distincts de chatons naquirent : certains identiques à Wong Mau, certains Siamois et certains beaucoup plus sombres que Wong Mau.

Ces chatons fondèrent la race Burmese qui fut officiellement reconnue en 1936 par la CFA et fut la première race de chats à pedigree à être entièrement développée aux États-Unis.

Couleur : dans certaines associations américaines, seul le Burmese sable ou brun (représenté ici) est considéré comme un vrai Burmese. La couleur zibeline, riche et chaude, de la robe s'éclaircit légèrement sur la poitrine et le ventre, mais elle doit être unie, sans ombres ni rayures. Les chatons peuvent avoir une robe plus claire. La truffe et les coussinets sont bruns. Les yeux sont jaune à doré, la préférence allant aux tons plus sombres.

Morphologie : de taille moyenne et bien musclée, mais élégante, avec une tête au front bombé et des oreilles très écartées.

Caractère : intelligent, affectueux et sociable.

Le Burmese bleu

Dilution de la couleur sable, le Burmese bleu fut la première des nouvelles variétés à avoir été reconnue et acceptée. Les standards du Burmese idéal sont différents aux États-Unis et en Europe. Le Burmese américain possède une tête plus ronde et un corps légèrement plus massif que le Burmese européen. Les Burmeses américains tendent aussi à avoir une meilleure couleur d'yeux, mais vu que cette race fut développée à l'origine aux États-Unis, il n'y a rien d'étonnant à cela. La couleur des yeux est très difficile à juger sous la lumière artificielle des halls d'exposition, c'est pourquoi les juges apportent souvent les Burmeses près d'une fenêtre, à la lumière du jour, s'ils ont un doute sur la couleur.

Couleur : la robe est gris argent, légèrement plus sombre sur le dos et la queue. Les oreilles, la face et les pieds doivent être vraiment argent. La truffe et les coussinets sont bleu-gris. Les yeux sont jaune à or.

Morphologie : de taille moyenne et bien musclée, mais élégante, avec une tête au front bombé et des oreilles très écartées.

Caractère : intelligent, affectueux et sociable.

Le Burmese champagne

Appelé aussi Burmese chocolat, c'est l'une des deux nouvelles couleurs diluées du Burmese découvertes aux États-Unis à la fin des années 1960. Elle est aujourd'hui l'une des couleurs les plus appréciées.

Couleur : la robe, d'un chaud ton chocolat au lait, doit être aussi unie que possible, même si le masque et les oreilles peuvent être légèrement plus sombres. La truffe est brune, les coussinets sont cannelle à marron. Les yeux sont jaune à or, la préférence allant aux couleurs sombres.

Morphologie : de taille moyenne et bien musclée, mais élégante, avec une tête au front bombé et des oreilles très écartées.

Caractère : affectueux, intelligent et sociable.

Le Burmese crème

Le Burmese crème est une dilution du roux et, avec cette couleur, peut engendrer tout le spectre des couleurs écaille de tortue. La robe est d'un crème riche et pâle, très séduisant et, comme pour les autres couleurs pâles, offre souvent de très légères marques à points, avec une couleur plus foncée sur les points (face, oreilles, membres, pattes et queue).

Couleur : la robe est crème pastel avec des oreilles légèrement plus foncées que le corps. La truffe et les coussinets sont roses. Les yeux sont jaune à or, la préférence allant aux couleurs sombres.

Morphologie : de taille moyenne et bien musclée, mais élégante, avec une tête au front bombé et des oreilles très écartées.

Caractère : affectueux, intelligent et sociable.

Le Burmese platine

Appelé aussi Burmese lilas, c'est la seconde des deux nouvelles couleurs diluées de Burmese découvertes aux États-Unis à la fin des années 1960, l'autre étant le Burmese champagne ou chocolat. Ces Burmeses sont apparus dans des portées où leurs parents portaient à la fois le gène chocolat et le gène bleu.

Couleur : la robe, d'un gris perle délicat, a un reflet rosé. Elle doit être aussi unie que possible, bien que le masque et les oreilles puissent être un peu plus foncés. La truffe et les coussinets sont rose-mauve. Les yeux sont jaune à or, les couleurs plus foncées étant préférées.

Morphologie : de taille moyenne et bien musclée, mais élégante, avec une tête au front bombé et des oreilles très écartées.

Caractère : affectueux, intelligent et sociable.

Le Burmese roux

Le Burmese est un chat extrêmement intelligent, actif, qui peut être très volontaire, mais qui sait se montrer affectueux si son maître l'est avec lui. Sa fourrure courte et brillante n'a besoin que d'un toilettage minimal.

Couleur : la robe est mandarine claire. Elle doit être aussi unie que possible, bien que des marques tabby très légères soient permises sur la face. Les oreilles sont plus sombres que le corps. La truffe et les coussinets sont roses. Les yeux sont jaune à or, les teintes sombres étant préférées.

Morphologie : de taille moyenne et bien musclée, mais élégante, avec une tête au front bombé et des oreilles très écartées.

Caractère : affectueux, intelligent et sociable.

Le Burmese écaille de tortue

Le gène roux fut introduit dans le Burmese européen par trois sources : un tabby à poil court roux, un Siamois à points roux et un chat domestique calico. Un programme de reproduction fut établi et, dès le milieu des années 1970, des Burmeses roux clair, des Burmeses crème et des Burmeses écaille de tortue furent produits en grand nombre, dont la plupart étaient d'un type Burmese de très haute qualité. Dans toutes les variétés, la couleur du corps est plus pâle sur la poitrine et le ventre que sur le dos et les membres.

Dans les variétés non tabby, les chatons et les jeunes chats sont autorisés à posséder une couleur globalement plus pâle sur leur corps, ainsi que de légères barres ou des marques tabby fantômes. Les marques tabby chez les chats adultes de variétés non tabby et les poils blancs sont des défauts.

Couleur : les Burmeses écaille de tortue ont une robe aux couleurs mélangées. Il existe quatre couleurs – brun, bleu, chocolat et lilas. Chez le Burmese écaille chocolat (ci-contre), la robe est chocolat au lait, rousse et/ou roux clair, avec des taches et/ou des marbrures. La truffe et les coussinets sont unis ou portent des taches ou des marbrures, roses et/ou bleu-gris. Les yeux sont jaune à or, les teintes sombres étant préférées.

Morphologie : de taille moyenne et bien musclée, mais élégante, avec une tête au front bombé et des oreilles très écartées.

Caractère : affectueux, intelligent et sociable.

Le Burmilla

Un accouplement accidentel entre une chatte Burmese platine (lilas) et un mâle Persan chinchilla en 1981 donna quatre chatons femelles à la robe argent foncé. Ces chatons possédaient tous une conformation typique des races étrangères et une fourrure courte et dense. Leur aspect était si séduisant que des croisements similaires ont été faits. En 1983 la Cat Association of Britain accepta des programmes de reproduction et un standard pour cette race.

La caractéristique principale de la race est le contraste saisissant qu'elle offre entre le sous-poil d'un argent pur et le poil foncé, coloré sur la moitié de sa longueur ou juste à son extrémité.

Couleur : le poil est noir, bleu, brun, chocolat, lilas, roux, crème, écaille roux, écaille bleu, écaille brun, écaille chocolat ou écaille lilas sur la moitié de sa longueur ou à son extrémité. Le Burmilla bleu argent foncé (ci-dessous) possède un poil d'un blanc argent pur ombré de bleu-gris. La truffe est rouge brique. Les coussinets et la plante des pieds sont bleu-gris. Les yeux sont verts.

Morphologie : de taille moyenne et athlétique, avec une tête délicatement arrondie, de grands yeux bien placés et des oreilles à la base large et aux extrémités arrondies.

Caractère : affectueux, vivant, intelligent, mais plus calme et moins exigeant que le Burmese.

Le Burmilla argent foncé

Ce chat élégant, dont le type est mi-Burmese mi-Persan, possède un corps musclé, de longs membres vigoureux, une queue longue et assez peu épaisse et un pelage miroitant. La tête est en forme de coin, avec de grandes oreilles, un nez court et de grands yeux expressifs.
La couleur de base est d'un blanc argent pur, mais le poil est coloré sur la moitié de sa longueur avec les couleurs solides ou écaille reconnues qui doivent être bien réparties. Les paupières, les lèvres et la truffe sont cerclées de la couleur du poil et de délicates marques tabby sont visibles sur les extrémités. Elles le sont toutefois davantage chez le Burmilla argent foncé que chez le Burmilla tipped (à poils aux extrémités colorées).

Couleur : la robe du Burmilla brun argent foncé est d'un blanc argent pur avec des ombres brun foncé. La truffe est rouge brique. Les coussinets et la plante des pieds sont brun foncé. Les yeux sont verts.

Morphologie : de taille moyenne et athlétique, avec une tête délicatement arrondie, de grands yeux bien placés et des oreilles à la base large et aux extrémités arrondies.

Caractère : affectueux, vivant, intelligent ; plus calme et moins exigeant que le Burmese.

Le Burmilla tipped

Le Burmilla est facile à vivre et calme, très affectueux et joueur. La fourrure dense doit être brossée avec une brosse en caoutchouc pour supprimer les poils morts, puis peignée avec soin.

Le Burmilla mâle est plus grand et plus râblé que la femelle, à la silhouette délicate et élégante. Toute tendance à avoir une ossature fine comme celle du Siamois ou un type massif comme celui du Shorthair est considérée comme un défaut.

Couleur : la robe du Burmilla chinchilla (ci-dessous) est d'un blanc argenté pur avec un tipping noir. La truffe est rouge brique, les coussinets et la plante des pieds sont noirs. Les yeux sont verts.

Morphologie : de taille moyenne et athlétique, avec une tête délicatement arrondie, de grands yeux bien placés et des oreilles à la base large et aux extrémités arrondies.

Caractère : affectueux, vivant, intelligent ; plus calme et moins exigeant que le Burmese.

Le Rex Cornish

En 1950, dans une ferme de Cornouailles, au sud-ouest de l'Angleterre, une femelle mit au monde un chaton mâle au poil frisé. L'examen au microscope d'échantillons de poils du chaton révéla leur similitude avec ceux du lapin Rex. À sa maturité sexuelle, le chaton fut accouplé avec sa mère et deux des trois chatons de la portée qui virent le jour possédaient une fourrure Rex. L'un d'eux, un mâle du nom de Poldhu, fut le père d'une femelle remarquable qui fut exportée aux États-Unis pour y fonder la race du Rex Cornish. Durant les premiers temps de l'élevage du Rex Cornish, cette race fut croisée avec des British Shorthairs et des Burmeses, mais par la suite il y eut suffisamment de chats à fourrure frisée pour établir une race acceptable. Le Rex Cornish fut vraiment reconnu en Grande-Bretagne en 1967 et aux États-Unis en 1979.

Le Rex Cornish est intelligent, affectueux et plutôt sociable de nature. Joueur et espiègle, c'est un merveilleux animal de compagnie.

La fourrure frisée unique en son genre ne perd pas de poils, ce qui rend le toilettage du Rex Cornish extrêmement facile – simplement avec la main ou avec un peigne.

Couleur : toutes les couleurs et marques de robe sont acceptées.

Morphologie : de taille moyenne et élancée avec une tête allongée et cunéiforme et de grandes oreilles à implantation très haute.

Caractère : vif, intelligent, actif et espiègle.

Le Rex Cornish fumé

Les chats sélectionnés pour les premiers croisements, de différentes couleurs et marques de robe, ont engendré une grande variété de couleurs chez le Rex Cornish. Toutefois, quelle que soit la couleur, sa fourrure courte et pelucheuse est dense et présente des ondulations régulières du sommet de la tête à la pointe de la queue – laquelle doit être longue, fine et pointue – en passant par le dos, les flancs et les hanches.

Couleur : toutes les couleurs et marques de robe sont autorisées.

Morphologie : de taille moyenne et élancée avec une tête allongée et cunéiforme et de grandes oreilles à implantation très haute.
Caractère : vif, intelligent, actif et espiègle.

Le Rex Cornish écaille de tortue

Lors des expositions, le Rex Cornish est pénalisé s'il possède une robe ébouriffée ou trop courte. La tête ne doit pas être de type Shorthair et les oreilles doivent être grandes. Les descendants du croisement entre des Rex Cornish et d'autres races possèdent des fourrures normales, mais portent le gène récessif du poil frisé. Lorsqu'ils atteignent leur maturité sexuelle et sont croisés avec des chats similaires ou des Rex Cornish, ils engendrent des chatons à la robe frisée.

Couleur : toutes les couleurs et marques de robe sont permises.

Morphologie : de taille moyenne et élancée avec une tête allongée et cunéiforme et de grandes oreilles à implantation très haute.
Caractère : vif, intelligent, espiègle et sociable.

Le Rex Devon

Dix ans après la découverte du premier chaton Rex Cornish, un autre chaton mâle à la fourrure bouclée fut découvert dans le comté de Devon, en Angleterre. Kirlee, c'était son nom, fut croisé avec des femelles Rex Cornish. À la surprise générale, tous les chatons de la portée avaient des poils raides. On en conclut que les boucles de Kirlee étaient dues à un gène différent. D'autres essais de reproduction le confirmèrent.

Les deux variétés de poil bouclé ont été développées séparément et sont réellement bien distinctes. Même sans son poil ondulé, le Rex Devon aurait une expression étrange, avec son air interrogateur de lutin malicieux et ses énormes oreilles de chauve-souris.

En Grande-Bretagne, une sous-variété de Rex Devon très populaire mais non reconnue officiellement, Si-Rex, associe toutes les caractéristiques du Rex Devon typique aux marques et aux couleurs de robe du Siamois.

Couleur : toutes les couleurs et marques de robe sont acceptées.

Morphologie : de taille moyenne et bien musclée, mais élancée, avec une tête cunéiforme et de grandes oreilles à implantation basse.

Caractère : espiègle, joueur, intelligent et affectueux.

Le Rex Devon écaille de tortue

On dit que le Rex Devon est un chat de connaisseur. C'est un animal exigeant, sollicitant sans cesse l'attention de son maître. C'est un chat très facile à toiletter – une caresse sur tout le corps suffit, mais on peut aussi utiliser un peigne. Le Rex Devon possède souvent des zones au poil très clairsemé sur le corps, c'est pourquoi la chaleur lui est nécessaire. Ses grandes oreilles doivent être nettoyées.

Couleur : toutes les couleurs sont permises, dont les marques blanches, interdites chez les autres variétés.

Morphologie : de taille moyenne et bien musclée, mais élancée, avec une tête cunéiforme et de grandes oreilles à implantation basse.

Caractère : espiègle, joueur, intelligent et affectueux.

Le Rex Devon à points

Comme le Rex Cornish, les premiers Rex Devon ont été croisés avec des chats d'autres races étrangères en vue d'élargir le pool génétique des animaux disponibles destinés à la reproduction. Les Siamois ont été largement utilisés, et les chats à poil bouclé qui en ont résulté ont d'abord été appelés Si-Rex. Mais ce terme pour désigner le Rex Devon aux marques à points n'est toujours pas accepté et les marques blanches ne sont pas autorisées chez les chats à points où la couleur est limitée aux extrémités.

Couleur : toutes les couleurs et marques de robe reconnues dans les standards des races à points sont acceptées.

Morphologie : de taille moyenne et bien musclée, mais élancée, avec une tête cunéiforme et de grandes oreilles à implantation basse.

Caractère : espiègle, joueur, intelligent et affectueux.

Le Mau égyptien

À ne pas confondre avec les chats nommés maus élevés à titre expérimental en Grande-Bretagne dans les années 1960 et appelés aujourd'hui Orientaux tachetés. Le Mau égyptien arriva aux États-Unis en 1953 où il fut élevé après avoir été trouvé en Égypte et croisé en Italie. Chat tacheté très semblable aux chats représentés sur les papyrus et les peintures murales de l'Égypte ancienne, il fut reconnu officiellement par le CCF en 1968 et la CFA en 1977.

Plutôt timide mais très affectueux, le Mau égyptien tend à s'attacher à une ou deux personnes seulement. Actif de nature, on peut facilement lui apprendre un ou deux tours.

Bien que sa fourrure courte soit facile à entretenir, il est nécessaire de la peigner régulièrement pour ôter les poils morts.

Outre le Mau argent (représenté ici), il existe le Mau bronze et le Mau fumé.

Couleur : la couleur de base, argent clair, contraste avec les marques noires. Le dos des oreilles est rose-gris avec une extrémité noire. Le nez, les lèvres et les yeux sont cernés de noir. Le haut de la poitrine, le menton et les babines sont argent clair, presque blancs. La truffe est rouge brique et les coussinets sont noirs. Les yeux sont vert clair.

Morphologie : de taille moyenne, longue et gracieuse ; tête s'inscrivant dans un triangle légèrement arrondi et des oreilles assez grandes.

Caractère : extrêmement intelligent, agréable de compagnie, entreprenant et sociable.

Le Havana

Cette race unique créée par l'homme et appelée aussi Oriental noisette fut obtenue alors que des éleveurs britanniques travaillaient sur des croisements entre le Bleu russe et le Shorthair au début des années 1950. Il résultait parfois de ces croisements des chatons à la robe chocolat uniforme. À cette époque, la génétique appliquée aux couleurs de robe des félins en était à ses balbutiements, mais il fut bientôt établi que des chatons chocolat ne pouvaient provenir que de deux parents possédant le gène chocolat, et le croisement entre deux chats chocolat aboutissait toujours à des chatons chocolat.

Certains chats issus de ces premiers croisements furent accouplés avec des Siamois pour produire le type et la morphologie des Orientaux. D'autres furent envoyés aux États-Unis où ils furent croisés avec des chats à points au standard exceptionnel.

Cette race est très intelligente, affectueuse et extrêmement agile. Moins bruyante que le Siamois, elle est joueuse et recherche beaucoup la compagnie de l'homme.

La fourrure brune, pour rester belle, nécessite un toilettage minimal. Il faut la peigner pour enlever tous les poils morts ou prêts à tomber et la lustrer avec la main ou un foulard de soie pour la faire briller et lui donner un aspect verni.

Couleur : uniquement brun chaud. La truffe est brune avec un reflet rosé. Les coussinets doivent également avoir un ton rosé. Les yeux sont vert vif.

Morphologie : de taille moyenne et musclée, mais mince et élégante, avec une tête triangulaire.

Caractère : affectueux et sociable.

Le Bobtail japonais

Race naturelle qui existe au Japon, son berceau, depuis des siècles, le Bobtail japonais est considéré comme un porte-bonheur au foyer et sa variété tricolore, appelée *Mi-Ke* (qui signifie trois couleurs) est particulièrement appréciée.

Le Bobtail attira pour la première fois l'attention des connaisseurs du monde occidental lorsqu'un juge d'exposition américain visita le Japon et fut fasciné par cette race. Le Bobtail fut provisoirement reconnu par la CFA en mai 1971.

Après cinq années d'élevage minutieux, le Bobtail japonais devint populaire aux États-Unis. Définitivement reconnu, il fut autorisé à participer aux expositions.

La fourrure soyeuse est facile à entretenir : il suffit de la brosser et de la peigner doucement, puis de la lustrer à la main ou avec un foulard en soie. Le petit bout de queue en forme de pompon doit être peigné et les larges oreilles doivent être nettoyées tous les jours avec un coton.

Couleur : typiquement écaille et blanc, mais d'autres couleurs sont acceptées.
Morphologie : de taille moyenne, svelte et bien musclée.
Caractère : affectueux, intelligent et d'agréable compagnie, avec une personnalité attachante.

Le Korat

Cette race est originaire de Thaïlande où elle est appelée Si-Sawat, mot composé faisant référence à sa robe bleue et à ses yeux d'un vert clair très lumineux. Très prisé dans son pays d'origine, le Korat est synonyme de prospérité et de bonheur. D'ailleurs, un couple de Korats constitue un cadeau de mariage traditionnel, censé assurer longue vie, richesse et bonheur aux mariés. Le Korat est un petit chat d'une beauté raffinée, au doux miaulement, généralement vif, curieux et affectueux.

Sa fourrure courte et dense est facile à entretenir par un brossage hebdomadaire et un lustrage du poil avec un foulard de soie.

Couleur : bleue uniquement. La truffe et les babines sont bleu foncé ou lavande, les coussinets bleu foncé ou lavande avec un ton rosé. Les yeux sont d'un vert lumineux bien que l'ambre soit accepté.

Morphologie : de taille moyenne, musclée, avec une tête en forme de cœur et de grandes oreilles aux extrémités arrondies.

Caractère : calme, intelligent, joueur et affectueux, c'est un amour de chat domestique.

Le Malayan

Cette race est originaire des États-Unis où elle fut officiellement reconnue en 1980. Elle ne diffère du Burmese que par sa couleur ; d'ailleurs elle est assimilée à la race Burmese au Royaume-Uni. Des chatons Malayans sont régulièrement et naturellement présents dans des portées de Burmeses.

La fourrure est courte, fine et douce. Passer un gant sur le poil suffit à l'entretenir.

Couleur : il existe trois couleurs. Le Malayan bleu est bleu-gris avec un ton sable ; le Malayan platine est gris argent nuancé de sable ; le Malayan champagne est beige chaud (ci-dessus). Les yeux sont toujours jaunes.

Morphologie : solide et musclée, avec une poitrine large et forte ; les yeux ronds sont assez écartés.

Caractère : extrêmement affectueux et sociable ; un bon chat domestique, mais qui demande de l'attention.

L'Ocicat

Le premier chaton de cette race apparut dans la portée d'une femelle hybride, une chatte Abyssin lièvre mâtinée de Siamois, croisée avec un Siamois à points chocolat. Ce chaton, nommé Tonga, ressemblait à un bébé ocelot. L'éleveur décida alors de produire des chats similaires qui furent finalement reconnus comme une race distincte et appelés Ocicats. Outre l'accouplement d'Ocicats entre eux, des croisements avec des Abyssins, des American Shorthairs et des Siamois sont autorisés dans le pedigree. C'est un chat plutôt grand, bien proportionné, musclé et agile, à l'apparence d'un chat sauvage.

La fourrure est entretenue avec un brossage doux et un coup de peigne destiné à ôter les poils morts.

Couleur : le noir, le bleu, le chocolat, la lavande, la cannelle, les taches faon et les versions argentées de ces couleurs, qui doivent être bien définies : la couleur la plus claire couvrant la face, le contour des yeux, le menton et la mâchoire inférieure, la couleur la plus sombre l'extrémité de la queue. Les yeux sont dorés.

Morphologie : solide et bien musclée, avec une tête et un museau larges et de grandes oreilles bien écartées.

Caractère : intelligent, affectueux et d'agréable compagnie, c'est un bon chat domestique.

Le Bleu russe

Le très beau et très caractéristique Bleu russe est une race naturelle à la morphologie, à la couleur et à la fourrure uniques qui font de lui un animal vraiment superbe.

Les premiers Bleus russes seraient originaires du port russe d'Arkhangelsk, sur la mer Blanche. Ces chats ont participé à de nombreuses expositions en Angleterre à la fin du XIXᵉ siècle, mais à l'époque ils avaient des yeux orange. En 1912, le Bleu russe fut considéré comme une race à part entière, mais elle était déjà presque éteinte à l'époque de la Seconde Guerre mondiale. Seuls des croisements avec des Siamois la sauvèrent. Les chats de type étranger furent ensuite exposés en tant que Bleus russes, mais les éleveurs s'efforcèrent finalement de retrouver les caractéristiques d'avant-guerre de la race et, en 1966, le standard fut modifié et il fut spécifié que le type Siamois était désormais indésirable chez le Bleu russe.

Couleur : un bleu clair uni avec des poils de garde aux extrémités argent donnant à la robe un reflet argenté et brillant. La truffe est gris ardoise, les coussinets sont roses ou mauves. Les yeux sont vert vif.
Morphologie : de taille moyenne, élancée et musclée, avec une tête triangulaire au crâne plat et des oreilles larges à leur base.
Caractère : calme, doux, extrêmement intelligent et affectueux.

Le Singapour

Une éleveuse américaine développa le Singapour à partir de chats trouvés à Singapour. Elle décida d'en importer aux États-Unis et établit un programme de reproduction rigoureux de cette race. Son travail fut récompensé par la production d'une race viable, séduisante, très réussie sur le plan esthétique. Le Singapour possède une robe tiquetée semblable à celle de l'Abyssin. Son ossature et sa morphologie sont de taille moyenne pour une race étrangère à poil court.

Couleur : la couleur de base est ivoire chaud et le tiquetage brun foncé. Le museau, le menton, la poitrine et l'estomac sont écru. Les oreilles et l'arête du nez ont un ton saumon. La truffe est saumon clair à foncé, cerclée de brun sombre. Les coussinets sont brun rosé et le contour des yeux est brun foncé. Les yeux sont noisette, verts ou jaunes.

Morphologie : de taille petite à moyenne avec une tête ronde et de grandes oreilles pointues.

Caractère : gentil, affectueux et joueur.

Le Somali

Cette race est la version à poil long de l'Abyssin et la couleur de sa robe est de type Abyssin. On pensait au départ que le poil long était dû à une mutation spontanée au sein de la race Abyssin, mais des études génétiques ont montré que le gène du poil long avait été probablement introduit lorsque des chats Abyssins avaient été croisés avec d'autres chats au début de leur élevage et de leur exposition.

Les premiers chatons à poil long nés dans des portées normales d'Abyssins furent écartés de l'élevage et donnés comme animaux de compagnie, mais les éleveurs décidèrent ensuite de développer l'Abyssin à poil long en tant que variété séparée.

Bien que les associations félines se réfèrent à leurs propres règles lorsqu'il s'agit d'accepter ou de refuser de nouvelles variétés, le Somali est reconnu dans la plupart des variétés de couleurs des Abyssins par la grande majorité des organismes d'enregistrement.

Couleur : la robe est teinte lièvre, d'un brun chaud tiqueté de noir, avec un fond abricot foncé ou orange. L'extrémité de la queue, des oreilles et le contour des yeux sont noirs. La truffe est rouge brique (parfois cernée de noir). Les coussinets, la face postérieure des pieds et les poils des doigts sont brun foncé ou noirs. Les yeux sont dorés ou verts, la préférence allant aux couleurs riches et profondes.

Morphologie : de taille moyenne à grande, bien proportionnée et musclée, avec une tête modérément triangulaire.

Caractère : intelligent et sociable.

Le Somali chocolat

La Cat Association of Britain accepte toutes les couleurs de Somalis, alors que le GCCF ne reconnaît pleinement que l'usuelle (lièvre) et le sorrel dans le groupe des Somalis non argentés et reconnaît sous certaines conditions les Somalis bleus, chocolat, lilas et faon, ainsi que tous les Somalis argentés, quelle que soit leur couleur.

Couleur : la robe est d'un brun cuivré ou doré riche, tiquetée de chocolat foncé, avec une racine du poil plus claire. Les oreilles et la queue ont une extrémité du poil chocolat foncé. La truffe est chocolat rosé, les coussinets sont chocolat, plus foncés entre les doigts et jusqu'aux talons. Les poils des doigts sont chocolat foncé.

Morphologie : de taille moyenne à grande, bien proportionnée et musclée, avec une tête modérément triangulaire.

Caractère : intelligent, sociable et d'agréable compagnie.

Le Somali beige faon

Version diluée du sorrel ou roux, le Somali beige faon possède une robe à l'effet « saupoudré », chaque poil alternant bandes de couleur faon clair et bandes de couleur faon foncé.

Couleur : la robe faon chaud est tiquetée faon plus foncé avec une base faon claire. L'extrémité des oreilles et de la queue est faon foncé et la truffe rose. Les coussinets mauve rosé sont faon foncé entre les doigts et jusqu'aux talons. Les poils des doigts sont faon foncé.

Morphologie : de taille moyenne à grande, mais bien proportionnée et musclée, avec une tête modérément triangulaire.

Caractère : intelligent, sociable et d'agréable compagnie.

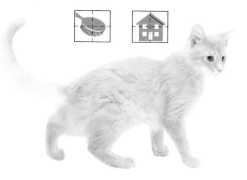

Le Somali argenté

Un reflet jaunâtre de la robe n'est pas souhaité chez les Somalis argentés. Il apparaît pourtant, surtout sur la face et les pattes de ces derniers, en particulier chez les Somalis bleus argentés.

Couleur : la couleur de base blanche est tiquetée de noir. Le poil de la queue et des oreilles a une extrémité noire. La truffe est rouge brique clair. Les coussinets sont noirs ou bruns, noirs entre les doigts et jusqu'aux talons, avec des poils de doigts noirs.

Morphologie : de taille moyenne à grande, mais bien proportionnée et musclée, avec une tête modérément triangulaire.

Caractère : intelligent, sociable et d'agréable compagnie.

Le Somali roux argenté

Le Somali roux est également appelé Somali sorrel. Comme l'Abyssin, il est doux et demande en retour beaucoup de douceur et d'affection. Peu bruyant, joueur et sportif, il constitue un animal de compagnie idéal. La fourrure, quoique

abondante, n'est pas laineuse et s'entretient donc facilement. La collerette et la queue doivent être régulièrement peignées et les grandes oreilles soigneusement nettoyées.

Couleur : la base est blanche tandis que les poils tiquetés sont chocolat, ce qui donne à la robe un aspect miroitant aux tons de pêche. Les poils des oreilles et de la queue sont chocolat à leur extrémité. La truffe est rose. Les coussinets sont chocolat entre les doigts et jusqu'aux talons. Les touffes de poils des doigts sont chocolat foncé.

Morphologie : de taille moyenne à grande, mais bien proportionnée et musclée, avec une tête modérément triangulaire.

Caractère : intelligent, sociable et d'agréable compagnie.

Le Sphynx

Le Sphynx n'est pas complètement dépourvu de poils. La peau possède une texture de cuir souple et peut être couverte d'un fin duvet quasi invisible à l'œil nu. Une fine couverture de poils est parfois visible sur les oreilles, le museau, les pieds, la queue et le scrotum.

Le premier Sphynx – une mutation spontanée – est apparu en 1966 au Canada, en Ontario, dans une portée de chatons dont les parents étaient des chats domestiques noir et blanc. Un éleveur de chats Siamois prit le chaton sans poils et, avec d'autres éleveurs, travailla au développement d'une nouvelle race. Aujourd'hui le Sphynx n'est accepté que par quelques associations félines et reste une race rare et unique en son genre. Sociable avec l'homme mais n'appréciant pas beaucoup les autres chats, le Sphynx n'aime pas être tenu dans les bras ou trop câliné. Il a souvent une patte antérieure levée lorsqu'il est debout et n'aime pas se coucher à même le sol, préférant une surface chaude. Le Sphynx n'a jamais besoin d'être brossé, mais sa peau semblable à du cuir suédé doit être nettoyée à la main et frottée avec un tissu doux.

Couleur : toutes les couleurs et marques de robe sont acceptées ; les médaillons et les boutons de veste le sont également.
Morphologie : de taille moyenne et musclée, avec des membres longs et élancés, un cou mince et une tête plus longue que large.
Caractère : gentil, sociable et intelligent.

LES RACES
ORIENTALES

Le Balinais

Les chatons à poil long qui apparaissaient de temps en temps dans des portées normales de Siamois ont été développés sous le nom de Balinais. Auparavant, ces chatons étaient aussitôt éliminés de l'élevage des Siamois et vendus comme animaux de compagnie, mais dans les années 1940 deux éleveurs, un Californien et un New-Yorkais, ont essayé de développer une race séparée. Ils ont choisi le nom de Balinais en raison de la grâce et de la sveltesse de ces chats rappelant les danseuses de Bali. La fourrure longue du Balinais ne ressemble pas à celle du Persan. Elle n'a pas de sous-poil laineux et reste serrée, près du corps. Elle est relativement facile à entretenir en la peignant régulièrement et en brossant la collerette et la queue en panache.

Comme l'on peut s'y attendre, les Balinais ont un caractère quasi identique à celui des Siamois – affectueux, exigeant beaucoup d'attention de la part de leur maître, très actif et curieux.

Couleur : toutes les couleurs du Siamois et d'autres chats colourpoint : seal, bleu, chocolat, lilas, roux, crème, ainsi qu'écaille de tortue et les formes tabby de ces couleurs. Certaines associations n'acceptent que les Balinais seal point, à points bleus, à points chocolat et à points lilas.

Morphologie : de taille moyenne, svelte et élégante, avec une tête allongée, triangulaire et effilée et de grandes oreilles pointues.

Caractère : vif et intelligent, mais un peu plus calme et moins turbulent que le Siamois.

Le Balinais à points bleus

Le corps doit être de couleur uniforme. Les ombres subtiles sont autorisées uniquement si elles sont de couleur froide. Les points – masque, oreilles, membres, pieds et queue – doivent être de la même teinte et clairement définis. Le masque doit couvrir toute la face, dont les babines, et être relié aux oreilles par des lignes légères. Les points ne doivent contenir ni tiquetage ni poil blanc.

Couleur : la couleur du corps est d'un blanc bleuté glacé. Les points sont bleu-gris, ainsi que la truffe et les coussinets. Les yeux sont d'un bleu vif et profond.

Morphologie : de taille moyenne, svelte et élégante, avec une tête allongée, triangulaire et effilée et de grandes oreilles pointues.

Caractère : vif et intelligent, mais un peu plus calme et moins turbulent que le Siamois.

Le Balinais à points tabby seal

Le Balinais doit avoir une robe aux couleurs de points identiques à celles des Siamois. Des Siamois de la plus haute qualité ayant été utilisés dans le programme de reproduction, la plupart des Balinais actuels sont d'un excellent type. Le Balinais à points tabby seal incarne le meilleur de la race.

Couleur : la couleur du corps est beige et les points portent des marques tabby brun foncé. Le contour des yeux et du nez est brun foncé. La truffe est rouge brique, rose ou brune. Les coussinets sont bruns et les yeux d'un bleu vif et profond.

Morphologie : de taille moyenne, svelte et élégante, avec une tête allongée, triangulaire et effilée et de grandes oreilles pointues.

Caractère : vif et intelligent, mais un peu plus calme et moins turbulent que le Siamois.

Le Colourpoint Shorthair

Le Colourpoint Shorthair (ou Colourpoint à poil court) résulte de croisements entre des Siamois et diverses autres races à poil court, par exemple l'Européen tabby, réalisés en vue d'obtenir de nouvelles couleurs et marques. Le gène qui restreint la couleur aux points chez les Siamois étant récessif, les chatons qui en ont résulté étaient colorés sur tout le corps.

Toutefois, lorsque ces chats issus de deux races ont été croisés avec des Siamois d'excellente qualité, ils ont engendré des chatons à points. Les croisements ultérieurs successifs avec des Siamois ont amélioré le « nouveau Siamois » et l'ont rendu conforme aux critères de race rigoureux établis par de nombreuses associations. Il est très facile de garder ce chat en bonne santé en lui donnant une alimentation équilibrée. Sa fourrure nécessite un toilettage minimal : un coup de peigne pour ôter les poils morts et un foulard en soie ou la main pour faire briller le poil.

Couleur : les points peuvent être roux, crème, tabby seal, tabby bleus, tabby chocolat, tabby lilas, tabby roux, écaille seal, écaille chocolat, bleu crème et lilas crème.

Morphologie : de taille moyenne, svelte et élégante.

Caractère : intelligent, affectueux et agile, c'est l'animal de compagnie idéal.

Le Colourpoint Shorthair écaille chocolat

Appelés aussi « nouveaux Siamois », les Colourpoints à poil court comprennent toutes les variétés de Siamois résultant de croisements avec d'autres races en vue d'introduire les gènes roux et tabby.

Couleur : le corps est ivoire et peut avoir un mélange de couleurs, des marbrures ou des taches chez les chats âgés. Les points sont d'un chocolat au lait chaud mélangés, marbrés ou tachetés de roux et/ou roux clair. Une flamme est souhaitable. La truffe est cannelle. Les coussinets sont cannelle ; un mélange avec une couleur chair ou corail est autorisé. Les yeux sont d'un bleu vif et profond.

Morphologie : de taille moyenne, svelte et élégante.

Caractère : intelligent, affectueux et agile, c'est l'animal de compagnie idéal.

Le Javanais

L'Oriental à poil long, aujourd'hui appelée Javanais, est issu d'un croisement sélectif entre des Orientaux et des chats à poil long d'un type oriental exceptionnel. La CFA a donné le nom de Javanais à des Balinais d'autres couleurs que les quatre principales couleurs du Siamois (seal, à points bleus, à points chocolat et à points lilas). Il s'agissait du roux et du tabby qui, chez les variétés à poil court, sont celles des Colourpoint à poil court ou « nouveaux Siamois ».

De longueur moyenne et sans sous-poil, sa fourrure est fine, de texture soyeuse. Elle n'est pas plaquée contre le corps et forme une collerette. La queue est bien fournie et en panache.

Un brossage doux régulier contribue à garder le poil en bonne santé ; la collerette, le ventre et la queue peuvent être peignés doucement.

Couleur : les couleurs de l'Oriental à poil court : noir, bleu, chocolat, lilas, roux, crème, cannelle, faon, écaille (toutes les couleurs), fumé (toutes les couleurs), tabby (toutes les couleurs), tabby écaille (toutes les couleurs). Les yeux sont toujours d'un vert vif et intense.

Morphologie : de taille moyenne, svelte et élégante.

Caractère : alerte, actif, curieux et affectueux.

190

L'Oriental

L'Oriental noir

Bien que l'existence d'un chat noir uni de type Siamois ait été mentionnée en Allemagne peu avant la Seconde Guerre mondiale, ce n'est pas avant le début des années 1960 en Grande-Bretagne que des éleveurs ont établi un programme de reproduction en vue de produire un Siamois unicolore. Ces chats sont aujourd'hui appelés Orientaux, et l'Oriental noir est l'un des plus séduisants et élégants de tous, avec sa fourrure courte, brillante et serrée, et son long corps élancé.

Les Orientaux sont des chats naturellement propres dont le poil très court et fin s'entretient facilement avec un toilettage quotidien à la main et un lustrage au foulard de soie. Les grandes oreilles doivent être nettoyées régulièrement. Il est préférable que ces chats aient à leur disposition un grattoir pour faire leurs griffes et de nombreux jouets.

Couleur : la couleur de la robe est d'un noir de jais dense, complètement unie de la racine à la pointe du poil, sans teinte rouille, ni poil blanc ni marque. Il ne doit pas y avoir de sous-poil gris. La truffe est noire, les coussinets sont noirs ou bruns. Les yeux sont d'un vert vif et intense.

Morphologie : de taille moyenne, longue, mince et élégante, avec une tête triangulaire de type Siamois et de grandes oreilles très écartées.

Caractère : de compagnie agréable, intelligent, curieux et exigeant beaucoup d'attention.

L'Oriental bleu

Semblables aux Siamois, mais sans
le gène inhibiteur de couleur,
les premiers Orientaux à naître dans
des portées à moitié siamoises étaient
des noirs et des bleus. Puis, le gène
chocolat, qui s'exprime difficilement,
a produit un chat chocolat uni,
et lorsque le gène de dilution a fait
son apparition chez les chats utilisés
pour les croisements, des chatons
Orientaux lilas ou lavande ont
vu le jour.

Couleur : la couleur de la robe est bleu-gris,
clair (plus apprécié) ou foncé. Elle doit être unie
sur tout le corps, sans poils blancs, ni ombres

ni marques. La truffe et les coussinets sont
bleu-gris, les yeux d'un vert vif et intense.

Morphologie : de taille moyenne, longue
et svelte, élégante, avec une tête triangulaire de
type Siamois et de grandes oreilles très écartées.

Caractère : d'agréable compagnie,
intelligent, curieux et sollicitant l'attention.

L'Oriental cannelle

Cette couleur rare et magnifique
enthousiasma les généticiens lors
de sa première apparition. Elle résulte
du gène cannelle introduit en croisant
des Havanes avec des Abyssins sorrel.
La version diluée de cette couleur
chaude, plutôt inhabituelle,
est appelée faon.

Couleur : la couleur de la robe est d'un brun
cannelle chaud. Elle est unie, sans poils blancs,
ni ombres ni marques. La truffe est brun
cannelle. Les coussinets sont brun cannelle
à rose et les yeux d'un vert vif et profond.

Morphologie : de taille moyenne, longue,
mince et élégante, avec une tête triangulaire de
type Siamois et de grandes oreilles très écartées.

Caractère : d'agréable compagnie,
intelligent, curieux et sollicitant constamment
l'attention.

L'Oriental crème

Le crème, l'une des couleurs les plus récentes, est la version diluée du roux. Cet ajout dans la reproduction s'est avéré utile, parce qu'un croisement entre un chat crème et un chat caramel peut produire des chatons abricot.

L'Oriental crème peut porter des marques tabby visibles, mais il ne sera pas pénalisé par ce défaut s'il est, par ailleurs, conforme au standard.

Couleur : la robe est d'un crème clair, pastel, sans ton chaud. Elle est unie, sans poils blancs, ni ombres ni marques. Elle ne doit pas avoir de sous-poil clair ou blanc. La truffe et les coussinets sont roses. La couleur d'yeux préférée est le vert vif et intense. Remarque : de légères ombres sont autorisées sur la face et les membres, et des babines sombres sont permises.

Morphologie : de taille moyenne, longue, svelte et élégante, avec une tête triangulaire de type Siamois et de grandes oreilles très écartées.

Caractère : d'agréable compagnie, intelligent, curieux et sollicitant constamment l'attention.

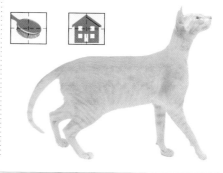

L'Oriental lilas

L'Oriental lilas, parfois appelé Oriental lavande, fut l'une des premières variétés à être développée.

Comme les autres Orientaux, il est sociable, intelligent et très affectueux avec la famille et les amis. Actif et joueur, il déteste rester seul trop longtemps.

Couleur : la robe est d'un lilas fané légèrement rosé, unie, sans poils blancs, ni ombres ni marques. La truffe et les coussinets sont rose bleuté ou lilas fané. Les yeux sont d'un vert vif et intense.

Morphologie : de taille moyenne, longue, svelte et élégante, avec une tête triangulaire de type Siamois et de grandes oreilles très écartées.

Caractère : de compagnie agréable, intelligent, curieux et exigeant beaucoup d'attention.

L'Oriental roux

Le type de l'Oriental est exactement celui du Siamois. En fait, les Orientaux sont des Siamois sans posséder le gène inhibiteur de couleur qui limite la couleur aux extrémités du corps. De plus, ils ont des yeux verts et non bleus comme les Siamois.

Couleur : la robe est d'un roux profond, riche, clair et brillant. Elle est unie, sans poils blancs, ni ombres plus claires ni marques. La truffe et les coussinets sont rouge brique ou roses. Les yeux sont d'un vert vif et intense. Remarque : des ombres légères sont autorisées sur la face et les membres, et des babines foncées également.

Morphologie : de taille moyenne, longue, svelte et élégante, avec une tête triangulaire de type Siamois et de grandes oreilles très écartées.

Caractère : de compagnie agréable, intelligent, curieux et sollicitant constamment l'attention.

L'Oriental blanc

Seul Oriental qui n'a pas les yeux verts, l'Oriental blanc est d'un blanc pur glacé avec des yeux bleus. Chose plutôt inhabituelle, il n'est pas souvent croisé avec d'autres Orientaux, mais avec des Siamois, car c'est la seule façon d'obtenir des yeux bleus. Certaines associations l'appellent Étranger blanc.

Couleur : la robe est d'un blanc pur, sans marques ni ombres. La truffe et les coussinets sont roses, les yeux d'un bleu vif et profond. Remarque : pour la CFA, l'Oriental blanc doit avoir idéalement les yeux verts. Les yeux bleus sont acceptés, mais pas les yeux vairons.

Morphologie : de taille moyenne, longue, svelte et élégante, avec une tête triangulaire de type Siamois et de grandes oreilles très écartées.

Caractère : de compagnie agréable, intelligent, curieux et sollicitant constamment l'attention.

L'Oriental fumé noir

Chez le fumé, les poils sont colorés sur presque toute leur longueur et possèdent à la base une étroite bande blanc argenté uniquement visible lorsque l'on écarte la fourrure. Le sous-poil est blanc argenté. Au repos, le chat semble de couleur unie, mais en mouvement le sous-poil apparaît.

Couleur : les poils ont un tipping noir marqué. La truffe et les coussinets sont noirs, les yeux verts.

Morphologie : de taille moyenne, longue, svelte et élégante, avec une tête triangulaire de type Siamois et de grandes oreilles très écartées.

Caractère : de compagnie agréable, intelligent, curieux et sollicitant constamment l'attention.

L'Oriental chocolat argenté ombré

L'introduction de la couleur argent dans les programmes de reproduction des Orientaux permit de produire des Orientaux à la fourrure courte, fine, blanc argenté et aux poils colorés à leur extrémité. Les variétés fumées sont les plus sombres, le poil ayant un tipping prononcé, et les variétés tipped les plus claires, le tipping du poil étant très léger. Les variétés ombrées sont intermédiaires.

Chez l'Oriental ombré, le poil est coloré sur environ un tiers de sa longueur et le sous-poil est blanc, ce qui donne à la robe un aspect miroitant caractéristique. La face et les membres peuvent également être ombrés.

Couleur : les marques sont chocolat sur un fond chocolat clair et argenté. Les yeux sont verts.

Morphologie : de taille moyenne, longue, svelte et élégante, avec une tête triangulaire de type Siamois et de grandes oreilles très écartées.

Caractère : de compagnie agréable, intelligent, curieux et sollicitant constamment l'attention.

L'Oriental chocolat marbré

Les Orientaux tabby peuvent porter n'importe laquelle des quatre marques tabby – marbrée, tigrée, tachetée ou tiquetée.

Chez le tabby marbré, les marques doivent être larges, denses et clairement définies. Les membres doivent être régulièrement barrés avec des bracelets qui rejoignent les marques du corps. La queue doit être entièrement annelée. Le cou et le haut de la poitrine doivent porter plusieurs colliers continus. Les marques du front forment la lettre « M ».

Couleur : la couleur de base, dont celle des babines et du menton, est faon chaud avec des marques d'un brun chocolat riche. La face postérieure des membres, de la patte au talon, est chocolat. La truffe est chocolat ou roux clair et cernée de chocolat. Les coussinets sont cannelle à chocolat et les yeux verts.

Morphologie : de taille moyenne, longue, svelte et élégante, avec une tête triangulaire de type Siamois et de grandes oreilles très écartées.

Caractère : de compagnie agréable, intelligent, curieux et sollicitant constamment l'attention.

L'Oriental chocolat tiqueté

Des croisements entre Siamois et Abyssins ont introduit le gène du tiquetage dans le programme de reproduction des Orientaux tabby et donné naissance à des Orientaux tiquetés. Avec sa fourrure uniformément tiquetée, rappelant ses ancêtres sauvages, l'Oriental tiqueté est rapidement devenu une variété populaire.

Des bandes de couleurs claires et foncées doivent alterner le long du poil du corps, mais il ne doit pas y avoir de taches, de barres ou de bandes sur le corps. La couleur de base est visible au niveau des talons des membres postérieurs et à la pointe de la queue. La face porte les marques tabby typiques, dont le fameux « M » sur le front, et des empreintes en forme de pouce sont visibles au dos des oreilles.

Couleur : la couleur de base, dont celle des babines et du menton, est beige sable avec des marques d'un brun chocolat riche. La face postérieure des membres, de la patte au talon, est brun chocolat. La truffe est chocolat ou roux clair, cernée de chocolat. Les coussinets sont cannelle à chocolat et les yeux verts.

Morphologie : de taille moyenne, longue, svelte et élégante, avec une tête triangulaire de type Siamois et de grandes oreilles très écartées.

Caractère : de compagnie agréable, intelligent, curieux et sollicitant constamment l'attention.

L'Oriental argent tacheté

Le premier Oriental de marque tabby, l'Oriental tacheté, est apparu pour la première fois à la fin des années 1960. Jusqu'en 1978 il était connu au Royaume-Uni sous le nom de Mau égyptien, mais son nom a été changé pour éviter toute confusion avec la race élevée aux États-Unis du même nom, totalement différente et sans aucun lien de parenté avec l'Oriental.

Les taches sur le corps peuvent être de taille et de forme différentes, mais les rondes régulièrement distribuées sont préférées. Elles ne doivent pas se rejoindre pour former des marques tigrées non continues. La bande dorsale, visible le long de la colonne et qui va jusqu'à l'extrémité de la queue, doit être composée de taches.

Couleur : la couleur de base, dont celle des babines et du menton, est d'un argent clair pur avec des marques noires denses. La face postérieure des membres, de la patte au talon, est noire. La truffe est noire ou rouge brique, cernée de noir. Les coussinets sont noirs et les yeux verts.

Morphologie : de taille moyenne, longue, svelte et élégante, avec une tête triangulaire de type Siamois et de grandes oreilles très écartées.

Caractère : agréable, curieux, intelligent, sollicitant sans cesse l'attention.

L'Oriental écaille

Avec l'introduction du gène lié au sexe à l'origine des Orientaux roux et des Orientaux crème, les éleveurs ont trouvé dans certaines portées des chatons femelles aux combinaisons de couleurs variées appelées écaille de tortue. La couleur de base de tous les Orientaux écaille doit être unie de la racine à la pointe du poil, avec des taches rousses, crème ou beige ou des mélanges de ces couleurs, et dépourvue de marques tabby. Comme pour la plupart des chats écaille de tortue, les Orientaux écaille sont des femelles, bien que l'on trouve, certes rarement, des mâles qui ne sont pas impuissants.

Couleur : les Orientaux écaille sont écaille noir, écaille bleu, écaille chocolat, écaille lilas (lavande), écaille cannelle ou écaille caramel. La truffe et les coussinets doivent être d'une couleur conforme au standard. Les yeux sont verts.

Morphologie : de taille moyenne, longue, svelte et élégante, avec une tête triangulaire de type Siamois et de grandes oreilles très écartées.

Caractère : de compagnie agréable, intelligent, curieux et sollicitant constamment l'attention.

Le Seychellois

Selon un programme de reproduction approuvé par la Cat Association of Britain, le Seychellois a été développé par des éleveurs intéressés par les Orientaux. C'est un chat de taille moyenne, de conformation typiquement orientale, avec un corps long et svelte, des membres minces et des pattes fines. La tête est triangulaire avec de très grandes oreilles pointues et des yeux en amande.

Le Seychellois possède une robe essentiellement blanche avec des taches de couleur sur la tête, les membres et le corps, et une queue colorée – ce qui est rare. Les marques du Seychellois – de type Van – sont divisées en deux groupes.

Le Seychellois à poil long est identique au Seychellois à poil court – hormis sa fourrure, de longueur moyenne, douce et soyeuse, plus longue sur la collerette. Il a des plumets d'oreille et une queue fournie, en panache.

Couleur : toutes les couleurs et combinaisons de couleurs sont permises.
Morphologie : de taille moyenne, longue et svelte.
Caractère : intelligent, affectueux, agile et curieux.

Le Siamois

Certainement le mieux connu de tous les chats à pedigree, le Siamois actuel est différent de celui du début des années 1900, même s'il a conservé ses marques à points dues au gène des points qui restreint les couleurs pour ne laisser que les extrémités colorées – la face, les oreilles, les membres, les pattes et la queue.

Des chats seal point ont été présentés par la cour du roi du Siam à des diplomates britanniques et américains vers la fin du XIXᵉ siècle. À partir de là, la race a connu un succès croissant qui ne s'est jamais démenti.

Bien que les « Chats royaux du Siam » d'origine étaient seal point, certains possédaient des points bruns plus clairs et ont été appelés Siamois à points chocolat.

L'existence d'un gène de dilution a également été mis en évidence lorsque le seal point a donné naissance à des chatons aux extrémités gris ardoise qui ont été baptisés Siamois à points bleus.

Avec l'amélioration des connaissances en génétique appliquée aux couleurs de robe des félins, des éleveurs de Siamois ont réalisé qu'ils pouvaient créer toute une gamme de nouvelles variétés de couleurs en commençant par effectuer des croisements judicieux, puis en croisant le produit de ces croisements avec des Siamois de la plus haute qualité. Les points roux ont été créés en croisant des Siamois avec des chats roux, des chats tabby roux et des chats écaille de tortue. Quant aux points tabby, ils proviennent de croisements entre des Siamois et des chats tabby.

Couleur : les points peuvent être seal, c'est-à-dire brun foncé (voir ci-dessous), bleus, chocolat, lilas, roux, crème ; écaille : seal, bleu, chocolat, lilas ; tabby : seal, bleu, chocolat, lilas, roux, crème, écaille seal, écaille bleu, écaille chocolat, écaille lilas. Les yeux sont toujours d'un bleu vif et profond.

Morphologie : de taille moyenne, longue, svelte et musclée ; tête allongée, triangulaire, au profil plat et de grandes oreilles écartées.

Caractère : vif, intelligent et curieux ; exige beaucoup d'attention et possède une voix forte.

Le Siamois à points bleus

Le Siamois à points bleus fit ses débuts lors d'une exposition en 1896, mais au départ il était considéré comme un seal point aux couleurs médiocres. Le corps doit être unicolore, de très légères ombres étant parfois autorisées.
Les points – masque, oreilles, membres, pieds et queue – doivent être tous de la même couleur et clairement définis.
Le masque doit couvrir toute la face, dont les babines, et être relié aux oreilles par des marques légères. Les points ne doivent pas avoir de tiquetage ni de poils blancs.

Couleur : la couleur du corps est blanc bleuté glacé et les points sont bleu-gris. La truffe et les coussinets sont bleu-gris. Les yeux sont d'un bleu vif et profond.
Morphologie : de taille moyenne, longue, svelte et musclée ; tête allongée, triangulaire, au profil plat et de grandes oreilles écartées.
Caractère : vif, intelligent et curieux ; exige beaucoup d'attention et possède une voix forte.

Le Siamois à points chocolat

Bien que les « Chats royaux du Siam » fussent seal point à l'origine, certains avaient des points bruns plus clairs et ont été finalement reconnus comme une variété à part entière, les Siamois à points chocolat, dont le premier représentant fut enregistré en 1931. Sa fourrure est courte, très douce et fine, un brossage quotidien s'impose donc avec une brosse mi-dure pour ôter les poils morts en particulier lors des périodes de mue. Une alimentation riche en poisson et en légumes cuits en alternance avec de la viande contribuera à la stabilité de la couleur du poil.

Couleur : le corps est ivoire et les points sont chocolat au lait. La truffe est chocolat au lait, les coussinets sont cannelle à chocolat au lait et les yeux d'un bleu vif et profond.
Morphologie : de taille moyenne, longue, svelte et musclée ; tête allongée, triangulaire, au profil plat et de grandes oreilles écartées.
Caractère : vif, intelligent et curieux, il exige beaucoup d'attention et possède une voix forte.

Le Siamois à points crème

Une fois la variété du Siamois à points roux fixée, le Siamois à points crème, sa version diluée de couleur plus claire, devait suivre, inévitablement.

Aux expositions, le Siamois est pénalisé s'il a des taches sur le ventre ou les flancs et si ses points ont des poils blancs, légèrement colorés ou tiquetés.

Couleur : corps blanc crémeux et points crème pastel ; truffe et coussinets roses, yeux bleu vif et profond.
Morphologie : de taille moyenne, longue, svelte et musclée, avec une tête allongée, triangulaire, au profil plat et de grandes oreilles écartées.
Caractère : vif, intelligent et curieux, il exige beaucoup d'attention et possède une voix forte.

Le Siamois à points lilas

Le Siamois à points lilas, parfois appelé « à points gelés » dans certaines associations, est le plus pâle de tous les Siamois.

Une fois que les Siamois à points bleus et à points chocolat ont fait partie d'un programme de reproduction, les Siamois à points lilas sont naturellement apparus, mais c'est l'introduction du Bleu russe dans les croisements à la fin des années 1940 qui a solidement établi cette variété.

Couleur : le corps est blanc glacé (magnolia) et les points sont d'un gris froid teinté de rose. La truffe et les coussinets ont une nuance lilas.

Les yeux sont d'un bleu vif et profond.

Morphologie : de taille moyenne, longue, svelte et musclée, avec une tête allongée, triangulaire, au profil plat et de grandes oreilles écartées.

Caractère : vif, intelligent et curieux, il exige beaucoup d'attention et possède une voix forte.

Le Siamois à points roux

Elle exhibe de grandes oreilles évasées dans le prolongement de la face et triangulaires comme la tête.

La fourrure, courte et fine, est facile à entretenir, caressée avec la main ou lustrée avec un foulard de soie. Les oreilles doivent être souvent nettoyées. Il est conseillé de lui donner un poteau à gratter pour ses griffes.

Couleur : la robe est blanc crémeux et les points sont d'un orange vif et chaud. La truffe est rose, les coussinets sont roses et/ou roux et les yeux d'un bleu vif et profond.

Morphologie : de taille moyenne, longue, svelte et musclée ; tête allongée, triangulaire, au profil plat et de grandes oreilles écartées.

Caractère : vif, intelligent et curieux, c'est un chat qui exige beaucoup d'attention et possède une voix forte.

Le Siamois seal point ou à points brun foncé

Avec ses fameux points colorés qui contrastent avec son corps de couleur claire, ce Siamois est sans doute la race à pedigree la plus célèbre.

Il est très affectueux avec les gens et les autres animaux domestiques qu'il aime. Vif et intelligent, il peut être très bruyant. Il déteste être laissé seul pendant longtemps et apprécie beaucoup la compagnie d'un autre Siamois ou de plusieurs de ses congénères. Très propres, les Siamois font d'excellents animaux domestiques.

Couleur : la robe du corps est beige à crème ou faon clair et les points sont brun foncé. La truffe et les coussinets sont brun sombre, les yeux d'un bleu vif et profond.

Morphologie : de taille moyenne, longue, svelte et musclée, avec une tête allongée, triangulaire, au profil plat et de grandes oreilles écartées.

Caractère : vif, intelligent et curieux, c'est un chat qui exige beaucoup d'attention et possède une voix forte.

Le Siamois à points tabby bleus

Appelés à l'origine « Shadow » ou
« Lynx », les premiers Siamois tabby ont
été enregistrés dès 1902. Ce n'est
toutefois pas avant 1961 qu'une portée
de Siamois à points tabby fut présentée
lors d'une exposition, et l'on peut dire
qu'elle fit sensation.

Couleur : corps blanc bleuté glacé et points
tabby bleu-gris ; yeux et nez cerclés de bleu-
gris ; truffe vieux rose ou bleu-gris ; coussinets
bleu-gris ; yeux bleu vif et profond.
Morphologie : de taille moyenne, longue,
svelte et musclée, avec une tête allongée,
triangulaire, au profil plat et de grandes oreilles
écartées.
Caractère : vif, intelligent et curieux,
c'est un chat qui exige beaucoup d'attention
et possède une voix forte.

Le Siamois à points tabby roux

Le caractère du Siamois peut être sujet
à des changements d'humeur importants
et imprévisibles. Un jour il sera gai
et joueur, le lendemain boudeur et de
mauvaise humeur. Les Siamois peuvent
aussi être jaloux d'autres chats et même
des personnes. C'est l'une des rares races
de chat à laquelle on peut apprendre
à marcher en laisse, comme un chien.

Couleur : la robe du corps est blanc cassé
avec une légère teinte rousse. Les points sont
tabby orange chaud. Les yeux et le nez sont
cerclés de rose foncé. La truffe est d'un rouge
brique un peu terni ou rose. Les coussinets sont
roses et les yeux d'un bleu vif et profond.

Morphologie : de taille moyenne, longue,
svelte et musclée ; tête allongée, au profil plat,
triangulaire, et de grandes oreilles écartées.
Caractère : vif, intelligent et curieux,
il exige beaucoup d'attention et possède
une voix forte.

Le Siamois à points écaille

Les variétés écaille de tortue ne sont représentées que par des femelles, les rares mâles étant stériles. Le Siamois à points écaille ne fait pas exception à la règle. Variété à part entière et populaire, elle joue un rôle clé dans les programmes de reproduction des Siamois à points roux et à points crème.

Comme les autres Siamois, son corps doit être unicolore et porter uniquement des ombres subtiles. Les points – masque, oreilles, membres, pieds et queue – doivent être tous de la même couleur et bien définis. Le masque doit couvrir toute la face, dont les babines, et être relié aux oreilles par de légères marques.

Couleur : le corps est ivoire et les points sont chocolat au lait tachetés ou mélangés de roux et/ou de roux clair. La truffe est chocolat au lait et/ou rose. Les coussinets sont cannelle à chocolat au lait et/ou roses et les yeux d'un bleu vif et profond.

Morphologie : de taille moyenne, longue, svelte et musclée ; tête allongée, au profil plat, triangulaire et de grandes oreilles écartées.

Caractère : vif, intelligent et curieux, il exige beaucoup d'attention et possède une voix forte.

Le Tiffanie

Le Tiffanie associe la conformation et la couleur du Burmese typique à une fourrure longue et soyeuse très séduisante. D'abord développé aux États-Unis à partir de chatons à poil long qui apparaissaient de temps en temps dans des portées normales de Burmeses à pedigree, le Tiffanie fut développé ultérieurement comme une race à part entière. Les éleveurs américains se concentrèrent sur le Tiffanie sable, dont les chatons naissent café au lait clair et développent progressivement leur longue fourrure sable. En Grande-Bretagne, des chats à poil long de conformation Burmese de qualité furent produits à partir des programmes de reproduction du Burmilla et améliorés par des croisements avec des Burmeses qui engendrèrent des chatons Tiffanie offrant toutes les couleurs du Burmese et du Malayan. Comme ses ancêtres Burmeses, le Tiffanie est joueur, affectueux et sociable, et constitue un très bon animal de compagnie.

Sa longue fourrure est assez facile à entretenir par un toilettage régulier.

Couleur : bleu, chocolat, lilas, caramel, roux, crème, abricot, écaille de tortue, ainsi que l'association écaille et couleur unie. La version argentée de toutes ces couleurs est également acceptée, de même que les versions ombrées, fumées, tabby ou noir uni. Les couleurs peuvent être solides ou sépia.

Morphologie : de taille moyenne et avec une ossature étonnamment solide pour sa taille.

Caractère : extraverti, sociable, affectueux et sportif.

Le Tonkinois

Né de croisements entre Siamois et Burmeses, le Tonkinois possède les caractéristiques physiques des deux races. Un croisement entre un Burmese et un Siamois engendre des chatons qui sont tous Tonkinois, tandis que le croisement entre deux Tonkinois produit, en moyenne, deux chatons Tonkinois, un Burmese et un Siamois.

Les Tonkinois possèdent des points sombres qui se fondent progressivement dans la couleur générale du corps, à mi-chemin entre celle du Siamois, très pâle, et celle du Burmese, très foncée. Les yeux du Tonkinois sont bleu-vert ou turquoise, jamais bleus comme ceux du Siamois ni dorés comme ceux du Burmese.

Sa fourrure est très facile à entretenir avec un toilettage minimal. Elle doit être peignée régulièrement pour enlever les poils morts et lustrée avec un foulard de soie ou un gant de toilettage pour rehausser son brillant, signe de bonne santé.

Couleur : la robe est vison naturel (natural mink), brune (ci-dessous), bleue, champagne, vison platine (platinum mink), rousse, crème, écaille, écaille bleu, écaille vison champagne, écaille vison platine ; les yeux sont bleu-vert.

Morphologie : de taille moyenne, musclée, avec une ossature solide pour sa taille.

Caractère : gentil, affectueux, espiègle et intelligent ; un chat idéal pour toute la famille qui s'entend bien avec d'autres chats, ainsi qu'avec les chiens et les enfants.

Le Tonkinois vison roux

Issu de croisements entre Siamois et Burmese, il est naturel que le Tonkinois possède la conformation et la couleur de robe de ces deux races. C'est le chat idéal pour ceux qui trouvent le type Siamois trop frêle et n'apprécient pas vraiment l'aspect trapu et la robe quasi uniforme du Burmese. En fait, le Tonkinois typique ressemble à l'ancien type du Siamois et c'est pourquoi il jouit actuellement d'une grande popularité.

Couleur : le corps est crème doré, abricot dans sa partie inférieure. Les points sont brun roux clair à moyen. La truffe et les coussinets sont roses, avec une légère teinte caramel.

Morphologie : de taille moyenne, musclée, avec une ossature étonnamment solide pour sa taille.

Caractère : gentil, affectueux, espiègle et intelligent ; un chat idéal pour toute la famille qui s'entend bien avec d'autres chats, ainsi qu'avec les chiens et les enfants.

Le Tonkinois à points chocolat

Les « points » désignent le masque (la face), les oreilles, les membres, les pattes et la queue. Ils sont bien marqués mais se fondent progressivement dans la couleur générale du corps. La couleur des points est identique à celle du corps, mais plus dense et plus foncée.

Chez les chatons et les jeunes chats, une couleur du corps plus claire est autorisée, ainsi que de légères barres sur la robe. Les couleurs s'assombrissent à la maturité sexuelle – seize mois sont parfois nécessaires au développement de la couleur définitive.

Couleur : le corps du chat adulte doit avoir une couleur riche et uniforme qui s'éclaircit légèrement dans sa partie inférieure. Il existe un contraste très net entre les points et la couleur du corps, quelle que soit la variété. Les yeux sont d'un bleu-vert profond, vif et brillant.

Morphologie : de taille moyenne, musclée, avec une ossature étonnamment solide pour sa taille.

Caractère : gentil, affectueux, espiègle et intelligent ; un chat idéal pour toute la famille qui s'entend bien avec d'autres chats, ainsi qu'avec les chiens et les enfants.

LA REPRODUCTION

*Bien que les chats domestiques ordinaires semblent se reproduire facilement
— souvent contre la volonté de leurs propriétaires —, la production de chats à pedigree,
soumise à des conditions particulièrement contrôlées, peut s'avérer difficile
et l'élevage de chats de race ne doit pas être pris à la légère.*

Malgré sa domestication acquise depuis fort longtemps, la femelle peut ne pas accepter les contraintes auxquelles elle est soumise durant son accouplement et sa gestation. Elle peut refuser de s'accoupler avec le mâle qu'on lui a choisi. Elle peut traverser une période de stress pendant sa gestation ou avoir un accouchement difficile. Elle peut rejeter ses chatons, avoir peu de lait ou un lait de mauvaise qualité, ou être perturbée au point de passer son temps à changer ses chatons de place avec anxiété.

Un bon éleveur est quelqu'un qui n'est pas intéressé financièrement. L'élevage de chats à pedigree est un passe-temps très gratifiant, mais jamais sur le plan financier.

Il y a beaucoup de fierté et de satisfaction à essayer de produire une portée de chatons dotés de toutes les qualités, à les voir naître et à les élever. Un éleveur qui aime vraiment les chats est très heureux de s'occuper d'une femelle qui attend des petits, d'être aux petits soins pour elle durant sa gestation, d'assister à la naissance des chatons et de subvenir aux besoins de la famille qui s'agrandit. Seul moment de tristesse : devoir se séparer des chatons lorsqu'ils sont totalement autonomes et prêts à être adoptés – c'est-à-dire vers l'âge de 3 mois.

Il peut sembler logique d'acheter un couple de chats pour commencer un élevage, mais c'est impossible. Avoir un étalon n'est pas un travail de débutant. Il ne se contentera pas d'une relation monogame avec une seule chatte et aura besoin de son propre territoire. Son habitude consistant à marquer son territoire avec des jets d'urine très forte doit être respectée, mais cela pose problème dans la maison.

Les chattes de race orientale, tels les Siamoises, ont souvent plus de chatons par portée que la moyenne et ont donc besoin d'être aidées pour bien les élever. Cette superbe chatte seal point a huit petits bien conformés et en bonne santé.

Pour commencer votre élevage, il est préférable que vous achetiez une ou deux femelles de la race de votre choix sur les conseils d'un éleveur expérimenté ou d'un juge d'exposition et selon vos moyens financiers. Deux femelles se tiendront mutuellement compagnie et, si elles n'ont aucun lien de parenté, vous donneront chacune des lignées différentes dans les années à venir. Un chaton femelle destiné à l'élevage doit être acheté à l'âge de 3 mois environ. Il doit avoir une conformation saine, un bon caractère, un pedigree impeccable et être enregistré sur le livre français des origines félines. Il doit être bien développé pour son âge et avoir reçu toutes les vaccinations nécessaires – les certificats qui le prouvent vous seront remis. Durant sa croissance, le chaton doit mener une vie normale, être bien nourri, correctement toiletté, avoir l'occasion de jouer le plus souvent possible et être entouré de tous les soins et de beaucoup d'affection.

Les toutes jeunes femelles n'ont pas toutes leur première période d'œstrus (période réceptive) au même âge, c'est pourquoi il faut les observer attentivement et ne pas les laisser vagabonder librement. Au moment de leurs premières chaleurs, elles doivent être surveillées attentivement. Lors du prochain œstrus, si elles sont âgées d'au moins 10 mois, elles pourront être accouplées après l'accord du vétérinaire qui est le seul à pouvoir juger si elles sont prêtes physiquement.

Les mâles à pedigree destinés à la reproduction sont appelés étalons. Ils ont généralement prouvé leurs qualités supérieures lors d'une exposition où ils ont été jugés conformes au standard de leur race. Un étalon professionnel marquant son territoire avec des jets d'urine très odorante, il est préférable de lui laisser un territoire pour lui tout seul.

Les accouplements doivent être rigoureusement contrôlés, observés et enregistrés par le propriétaire de l'étalon qui délivrera un certificat de reproduction au propriétaire de la femelle qui le paiera en échange. On donne au mâle et à la femelle quelques heures pour s'habituer l'un à l'autre. Une fois que le propriétaire de l'étalon est assuré qu'ils s'entendent, ne sont pas agressifs l'un envers l'autre

Les admirateurs du Sphynx, chat apparemment dépourvu de poils, travaillent sans relâche à sa reconnaissance dans les expositions et les registres généalogiques. D'autres pensent que l'on ne doit pas encourager le développement d'une race qui n'est pas viable dans la nature.

Les oreilles incurvées de l'American Curl ne semblent pas lui poser de problème, et cette race est acceptée par certaines associations américaines.

et que la femelle est vraiment prête, il autorise les chats à s'accoupler.

Cette procédure est répétée le plus souvent sur deux ou trois jours afin de s'assurer de la réussite de l'accouplement, puis la femelle est rendue à son propriétaire.

LA SÉLECTION ARTIFICIELLE

De temps en temps des anomalies apparaissent dans les portées de chatons, à la fois de race et de gouttière, et souvent les éleveurs, fascinés par des caractéristiques nouvelles ou inhabituelles, décident de tenter de les perpétuer et de produire peut-être une nouvelle race. Il est possible, après avoir sélectionné une ou plusieurs générations, de déterminer la base génétique d'une nouvelle caractéristique féline, puis d'établir un programme de reproduction formel et constructif afin de développer une nouvelle race. Certaines caractéristiques clairement préjudiciables à la santé du chat sont désapprouvées par les véritables amoureux des chats et, par conséquent, jugées inacceptables par la plupart des associations qui ne les enregistreront pas et interdiront la reproduction des chats qui les portent.

Le Scottish Fold n'est pas reconnu par certaines associations qui avancent que des oreilles aussi repliées ne peuvent pas rester propres et saines et que les premiers représentants de cette race présentaient des anomalies du squelette.

LA MATERNITÉ

Les chattes mères s'occupent de leurs chatons avec un dévouement total jusqu'à ce qu'ils soient en mesure de subvenir à leurs besoins tout seuls. Les mâles ne participent pas à l'éducation des chatons, bien que dans certaines colonies de chats sauvages on les ait vus jouer avec des chatons.

Après l'accouplement, l'ovule fécondé s'implante dans la paroi utérine de la femelle et des glandes sécrètent des hormones qui engendrent certains types de comportements. La chatte est davantage sur le qui-vive, elle se lèche encore plus minutieusement que d'habitude et son appétit augmente progressivement. Si elle est libre de vagabonder, elle chasse de façon plus déterminée et mordille des herbes et des graminées qu'elle sélectionne.

Au cours de sa gestation, elle cherche des endroits où dormir, sûrs et retirés. Elle se lèche de plus en plus fréquemment en portant une atten-

La mère fait constamment la toilette de ses petits, les nettoyant en les léchant partout avec sa langue rugueuse.

tion particulière à sa zone génitale et à ses mamelons qui grossissent. Lorsque la période de gestation de 63 jours environ touche à sa fin, la chatte cherche un endroit adapté pour mettre bas. La première phase du travail peut durer plusieurs heures. La chatte est agitée et refuse de manger, mais boit de temps en temps. Enfin, lorsque la seconde phase du travail commence, avec ses contractions, la chatte se rend à l'endroit qu'elle a choisi pour mettre bas. Les contractions deviennent de plus en plus fortes et fréquentes et, avant l'expulsion du premier chaton, du liquide peut s'être écoulé pour faciliter le passage.

Les chatons naissent la tête la première ou la queue la première, les deux possibilités étant normales. La tête du chaton ou sa croupe apparaisse, et la chatte lèche la membrane qui l'enveloppe pendant que les contractions poussent le petit animal vers l'extérieur. Parfois, en particulier s'il est le premier à sortir, le chaton semble retenu par

Les chatons naissent sourds et aveugles, mais ils ont un odorat très développé qui leur permet de trouver un mamelon et de commencer à se nourrir avant d'être parfaitement secs.

ses épaules ou ses hanches, mais il est généralement expulsé sans l'intervention de l'homme, grâce au seul travail de la chatte. Une fois le chaton sorti, la chatte déchire l'enveloppe fœtale qui l'entoure et coupe le cordon ombilical à un peu plus de un centimètre du corps du chaton. Le petit bout de cordon restant se dessèche et se résorbe, laissant un ombilic parfait une semaine après la mise bas. Le placenta peut être passé avec le chaton ou expulsé ultérieurement, une fois que le chaton est propre, sec et nourri. La mère mange normalement le placenta, riche en éléments nutritifs et qui, dans la nature, la nourrit jusqu'à ce qu'elle soit en état de chasser.

Après la naissance du premier chaton, le reste de la portée suit à intervalles réguliers, et la mère s'occupe de chacun de la même façon. Elle lèche chaque chaton, lui enlevant les restes d'enveloppe sur son corps, le mucus de son nez et de sa bouche, et stimulant sa respiration. Elle lèche aussi avec vigueur la région anale du chaton pour stimuler l'expulsion du méconium, matière sombre conte-

Au fil du temps les chats ont subi une sélection génétique pour être conformes au standard de leur race établi par de nombreuses associations félines. Nous voyons ici deux cas extrêmes sur le plan morphologique : l'Oriental svelte à tête allongée (à gauche) et le Persan massif à tête ronde (à droite).

nue dans l'intestin du fœtus qui doit absolument être rejetée pour éviter son obstruction.

Une fois que le dernier chaton de la portée est né, la mère nettoie sa propre région génitale, ses pattes et sa queue.

Elle rassemble ses petits autour d'elle, se couche sur le flanc et les incite à téter. Elle peut ne pas quitter l'endroit où elle a mis bas pendant 24 heures. Les chatons urinent et défèquent uniquement s'ils sont stimulés par leur mère qui s'occupe d'eux selon un programme de tâches bien établi. Après les avoir nourris, elle les nettoie l'un après l'autre, avalant toutes les excrétions qu'ils produisent pour que la couche reste propre. Dans

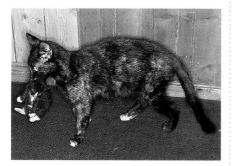

Une mère peut décider de transporter sa portée dans un nouvel abri. Elle déplace alors ses chatons l'un après l'autre, les tenant fermement dans sa gueule par la peau du cou.

la nature, c'est par mesure de sécurité pour effacer toute trace d'odeurs susceptibles d'attirer les prédateurs.

Même après des siècles de domestication, les chattes retournent souvent aux modes de comportement innés de leurs ancêtres sauvages. Trois semaines environ après la naissance de ses chatons, la mère peut soudain décider de les transporter ailleurs, dans un endroit plus sûr. Elle les saisit par la peau du cou, les tenant dans sa mâchoire sans percer la peau avec ses dents, les soulève et les transporte entre ses pattes de devant écartées vers la nouvelle destination choisie. Elle transporte ses chatons un par un jusqu'à ce qu'ils soient en sécurité dans leur nouvel abri. Lorsque les chatons sont saisis par la peau du cou, ils prennent instinctivement la position du fœtus et relâchent tout leur corps. Ainsi, ils sont rarement blessés pendant le transport.

Jusqu'à l'âge de 3 semaines les chatons sont totalement pris en charge par leur mère qui ne les quitte que pour aller manger, boire et faire ses besoins. Et elle retourne aussi vite que possible auprès d'eux. Âgés de 10 jours, ils ont ouvert les yeux et commencent progressivement à réagir à différents stimuli. Dans leur troisième et quatrième semaines, ils essaient de quitter le « nid » et ses alentours, devenant plus forts et plus actifs, et commencent à accepter de la nourriture solide, passant moins de temps auprès de leur mère.

Au cours des premières semaines de leur vie, leur mère leur enseigne beaucoup de choses. Elle les incite à jouer – à chasser et à tuer – et leur apprend la propreté, les appelant pour la suivre lorsqu'ils ont besoin d'uriner et de déféquer. Des chatons sevrés et prêts à être adoptés sont des petits chats qui ont été rendus autonomes par leur mère.

LE DÉVELOPPEMENT DES CHATONS

Les chatons naissent sourds et aveugles. Mais leur odorat est très développé, ce qui leur permet de localiser les mamelons de leur mère, et leur réflexe de téter inné, ce qui leur permet d'ingérer suffisamment de lait pour satisfaire leurs besoins. Entre 8 et 10 jours après la naissance, les yeux s'ouvrent et l'ouïe commence à se développer. Jusqu'à l'âge de 3 semaines, ils sont constamment surveillés par leur mère qui les nourrit, les nettoie et provoque l'émission d'urine et de selles en léchant leur région génitale. Elle ingère les excrétions de ses petits et passe 70 % environ de son temps à s'occuper de sa petite famille.

À l'âge de 2 semaines, les chatons sont capables d'utiliser leurs membres antérieurs pour se déplacer (ou plutôt ramper) et à 3 semaines de se tenir debout sur leurs pattes et de s'intéresser à ce qui se passe autour d'eux. Entre 3 et 6 semaines, ils font d'énormes progrès, apprennent à jouer, à émettre des sons et montrent un intérêt pour les aliments solides. À partir de 4 semaines environ ils utilisent un coin de leur couche pour faire leurs besoins et à partir de 6 semaines sont capables d'aller sur un bac à litière. Ayant appris à manger des aliments variés et à passer du temps loin de leur mère, les chatons sont autonomes entre 8 et 10 semaines.

LES EXPOSITIONS FÉLINES

Ceux qui élèvent ou exposent des chats sont appelés « cat fanciers »
(« connaisseurs de chats ») et se reconnaissent par un grand amour pour ces félins.

Les « cat fanciers » partagent tous une volonté de produire ou de posséder le chat parfait. Les propriétaires tirent une grande satisfaction personnelle des prix remportés par leur animal de compagnie.

Sur le plan financier, il n'y a pas grand-chose à gagner – mais beaucoup à perdre : les droits d'entrée aux expositions sont chers et les gagnants ne reçoivent généralement pas d'argent. Toujours est-il que cocardes, rubans et trophées sont avidement recherchés et fièrement exhibés à la maison. Certains y voient une véritable foncion sociale.

Tous les membres de la famille peuvent assister aux préparatifs et y prendre part, et certains chats semblent apprécier d'être bichonnés et admirés par des juges et un public réceptif.

La première exposition féline fut organisée en 1598 en Angleterre, dans le Winchester, lors de la foire de Saint-Gilles, mais la première véritable exposition avec des chats placés dans des cages individuelles se déroula au Crystal Palace londonien en 1871. C'est en 1895, à New York, au Madison Square Garden, que fut organisée la première exposition féline des États-Unis. La mode d'exposer des chats et de rivaliser pour remporter des prix s'est

Les exposants ont pour objectif de remporter la première place, synonyme de prestige, et de recevoir des prix en nature. Ici un superbe Persan chinchilla et un chaton de la même race avec leurs récompenses.

répandue dans le monde entier et il existe aujourd'hui des centaines d'expositions organisées aux quatre coins du monde. Chacun des pays possédant un groupe de « cat fanciers » très actif comprend au moins une autorité responsable qui inscrit les chats sur les registres généalogiques et encourage l'organisation d'expositions félines.

Chaque organisme a ses propres règles et principes en matière de reproduction, d'enregistrement des pedigrees au registre généalogique et d'exposition, et publie souvent des informations utiles sur tous les aspects de l'entretien, de l'élevage et de l'exposition des chats. En Amérique du Nord, les amoureux des chats ont un large choix d'organisations félines à leur disposition.

La meilleure façon de se familiariser avec le monde des expositions est de lire les nombreux magazines spécialisés qui existent sur les chats. Toutes les expositions y figurent. Mais rien ne remplace le contact direct avec les exposants. Vous pouvez observer pendant un ou deux jours les préparatifs d'une exposition et la plupart des propriétaires

de chats sont ravis de parler de leurs animaux et des procédures d'exposition. Une fois que vous devenez membre d'une association, vous avez accès à une foule de données. Chaque association a ses propres règles et méthodes en matière d'organisation des expositions, mais toutes sont au moins d'accord sur un point : le bien-être du chat reste toujours la priorité.

Les procédures d'exposition varient, mais le résultat final est le même. Les chats sont évalués par des juges qualifiés qui comparent leurs qualités à une échelle de points particulière à leur race ou à leur variété, puis établissent un classement. Les différentes organisations ont leur propre nomenclature pour désigner les gagnants — Champion, Grand Champion, etc.

Même les chats domestiques sans pedigree peuvent être présentés. Ils sont alors inscrits dans une catégorie à part, différente de celle des chats à pedigree. Ne pouvant être jugés selon aucun standard, ils sont évalués sur leur tempérament, leur état de santé et leur beauté globale.

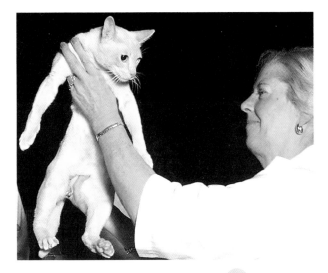

Lors des expositions organisées par le GCCF, les chats sont sortis de leur cage et jugés individuellement après que leurs maîtres eurent été priés de s'éloigner de leur animal.

LES ASSOCIATIONS ET LES ORGANISATIONS FÉLINES

Les pays où les chats à pedigree sont reproduits et exposés possèdent une ou plusieurs associations ou organisations qui tiennent un registre généalogique et établissent des règles et des contrôles pour les expositions félines. La Grande-Bretagne possède le Governing Council of the Cat Fancy (GCCF) et la Cat Association of Britain, membre britannique de la FIFé (Fédération féline internationale). L'Amérique compte plusieurs associations, la principale étant la Cat Fanciers' Association (CFA) qui possède également des clubs affiliés au Canada et au Japon.

En Europe, en Australasie et en Afrique du Sud il existe des organismes nationaux et d'autres associations. Dans chaque pays, au moins un organisme est membre de la FIFé, l'association féline la plus grande et la plus influente du monde. Elle compte des milliers de membres répartis sur tout le globe, forme et diplôme des juges hautement compétents dans le monde entier.

États-Unis

American Association of Cat Enthusiasts, P.O. Box 213, Pine Brook, New Jersey 07058. Tél. : (973) 335 6717 ; fax : (973) 334 5834.

ACA : Possédant le plus vieux registre généalogique félin d'Amérique et fonctionnant depuis 1899, l'**American Cat Association** est une association de taille relativement réduite qui organise des expositions dans le sud-est et le sud-ouest des États-Unis.
American Cat Association (ACA), 8101 Katherine Drive, Panorama City, CA 91402.

ACC : Située dans le Sud-Ouest, l'**American Cat Council** est une petite association qui organise des expositions dérivées du « style anglais » où les exposants doivent quitter le hall d'exposition durant l'évaluation de leur chat.

CCFF : Bien qu'il s'agisse de l'une des plus petites associations des États-Unis, la **Crown Cat Fanciers' Federation** organise de nombreuses expositions annuelles dans les régions du Nord-Est et du Sud-Est, ainsi que dans l'ouest du Canada.

CFA : la **Cat Fanciers' Association** est la plus grande association des États-Unis, constituée et gérée par un conseil d'administration. Elle édite tous les ans un annuaire impressionnant rempli d'articles, d'annonces d'éleveurs et de magnifiques photographies en couleurs. Elle organise des expositions aux États-Unis presque tous les week-ends de l'année.

Cat Fanciers' Association Inc., (CFA Inc.), P.O. Box 1005, Manasquan, New Jersey 08736 0805.

Tél. : (732) 528 9797 ; fax : (732) 528 7391.

CFF : Avec ses nombreuses activités localisées dans le nord-est des États-Unis, la **Cat Fanciers' Federation** est un organisme d'enregistrement de taille moyenne.

Cat Fanciers' Federation (CFF), 9509 Montgomery Road, Cincinnati OH 45242.

Adresse e-mail : http://www.cffinc.org

UCF : Association de taille moyenne, la **United Cat Federation** est située dans le sud-ouest des États-Unis.

Autres pays du monde

ACFA : Association internationale gérée très démocratiquement, l'**American Cat Fanciers' Association** possède des clubs affiliés au Canada et au Japon, et édite un bulletin mensuel pour ses membres.

FIFé : La plupart des pays européens ont au moins deux organismes destinés à l'enregistrement des chats et à l'autorisation des expositions. Il est quasi-si certain qu'au moins l'un des deux est affilié à la **Fédération internationale féline**, une société constituée de très grande taille et bien organisée qui possède des membres bien au-delà

de l'Europe. Définitivement établie en 1949, elle est aujourd'hui la plus grande association féline du monde, comprenant plus de 150 000 éleveurs et exposants.

TICA : The International Cat Association édite un bulletin bimensuel et un annuaire. Elle organise des expositions dont elle a une approche moderne aux États-Unis et a des membres au Canada et au Japon.

International Cat Association, P.O. Box 2684, Harlingen, Texas 78551.

INDEX